군 복무를 앞둔 당신을 위한 다정한 편지

입대 전날 나를 닮은 너를 위해

와일드북
와일드북은 한국평생교육원의 출판 브랜드입니다.

군 복무를 앞둔 당신을 위한 다정한 편지
입대 전날 나를 닮은 너를 위해

초판 1쇄 인쇄 · 2025년 11월 15일
초판 1쇄 발행 · 2025년 11월 20일

지은이 · 최영웅 · 현동훈 · 이수민 · 김재훈 · 박상범
  김정훈 · 권홍준 · 김 호 · 이이므란알리
발행인 · 유광선
발행처 · 한국평생교육원
편 집 · 장운갑
기 획 · 최영웅 · 고유동
디자인 · 박형빈

주 소 · (대전) 대전광역시 유성구 도안대로589번길 13 2층
       (서울) 서울시 서초구 반포대로 14길 30(센츄리 1차오피스텔 1009호)
전 화 · (대전) 042-533-9333 / (서울) 02-597-2228
팩 스 · (대전) 0505-403-3331 / (서울) 02-597-2229

등록번호 · 제2018-000010호
이메일 · klec2228@gmail.com
 instagram @wildseffect

ISBN 979-11-94710-17-2 (13190)
책값은 책표지 뒤에 있습니다.

잘못되거나 파본된 책은 구입하신 서점에서 교환해 드립니다.

이 책은 한국평생교육원이 저작권자의 계약에 따라 발행한 것이므로 저작권법에 따라 무단 전재와 복제를 금합니다. 이 책 내용의 전부 또는 일부를 이용하려면 반드시 저작권자와 한국평생교육원의 서면동의를 얻어야 합니다.

군 복무를 앞둔 당신을 위한 다정한 편지

입대 전날
나를 닮은
너를 위해

최영웅·현동훈·이수민·김재훈·박상범
김정훈·권홍준·김　호·이이므란알리 공저

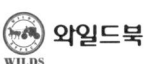
와일드북

우리의 이야기가 당신의 군 생활에
꿈과 희망이 되기를 희망합니다.

-진격대대 독하군 독서모임 일동

차 례

CONTENTS

추천사 - 고유동 작가   8

1장 만약 타임머신이 있었다면 – 현동훈

사람들은 생각보다 질문에 친절하게 답해주더라   14
하고 싶은 게 안 보여도, 하고 싶은 게 변해도 괜찮아! 세상은 생각보다 넓어   22
하고 싶은 게 생겼다면, 비슷한 사람들을 만나보는 건 어때   31
망설임 때문에 도전이 고민된다면, 일단 해보자   39
도움이 안 될 것 같은 일도 결국엔 도움이 된다   49

2장 피할 수 없다면 즐겨라 – 이수민

자신감과 확신의 선순환   60
소망목록   66
사고의 전환   71
세상에 나쁜 리더는 없다   77
피할 수 없다면 즐겨라   82

3장 입대하기 전 꼭 읽어야 할 글 – 김재훈

모집으로 입대하라   90
후회 없이 여행하는 법   94
반복되는 일상에서의 즐거움   98
만일 당신이 연애 중이라면   103
내일 입대하는 너에게   108

차례

4장 인생은 야구다 – 박상범

드래프트   114
마이너리거   120
패전 처리용 투수   126
대타   130
메이저리거   134

5장 내가 느낀 군대의 본질 – 권홍준

내가 깨달은 군대의 본질   140
군대에서 최선의 선택   146
군대에서 가치 찾기   153
어떤 선임이 되어야 할까   159
전역을 준비하기   165

6장 만약 이랬다면 어땠을까 – 김 호

훈련병   174
이등병   182
일병   190
상병   198
병장   205

CONTENTS

7장 내가 생각했던 건강관리 - 이이므란알리

내가 생각했던 건강관리	212
건강관리의 중요성을 깨달은 계기	216
마음가짐	220
실천과 꾸준함	224
전역 후 건강관리의 중요성	228

8장 엄마의 잔소리 같던 나의 군 생활 - 김정훈

어리바리 훈련병의 입소	232
자대배치(봄날의 이등병)	238
불침번(꺼지는 불과 켜지는 손전등)	243
트레이닝복의 위대함	249

9장 이 책이 세상에 나오기까지 - 최영웅

책 쓰는 부대 독서모임	254
에필로그	268

추천사

　입대를 앞둔 청년의 마음은 불안하기 마련이다. 따뜻한 가족의 품에서 벗어나는 첫 번째 순간이라서다. 이와 더불어 완전히 새로운 곳에서 낯선 이들과 동고동락 해야 하기 때문이다. 눈앞의 미래는 베일에 싸여 있다. 그러므로 청년은 안개 낀 숲을 헤매는 사람처럼 이리저리 방황할 수밖에 없다. 이때 누군가 길잡이를 해 주면 좋으련만, 사방을 둘러봐도 들리는 건 온갖 헛소문, 과장된 이야기뿐이다. 그리하여 청년은 제자리만 맴돈다. 스트레스가 쌓이지만 풀리지 않고, 감정만 마모된 채 입대하는 운명을 맞이한다. 불안이 저절로 사그라들길 기대하면서.

세상에는 이미 '입대를 앞둔 청년'을 위한 책이 여러 권 있다. 대부분 부모님이나 전역한 개인이 각자의 소회를 한껏 담은 책들이다. 이런 책을 읽으면 어느 정도 감정이 고양되고 위로도 된다. 하지만 한계가 있다. 부모님이 쓴 책은 실제 군 복무에 몸을 던져넣은 상태에서 쓴 글이 아니라서, 실질적인 조언을 제공하기보다는 감정을 다독이는 데 집중하기 때문이다. 한편, 전역한 선배 군인이 쓴 글은 시의성에서 멀어져 있다. 게다가 '목적이 불분명한 개인 단행본'이란 한계로 인해 저자의 조언은 보편성을 띠기 어려워진다.

바로 이 지점에서 이 책은 다른 책과 차별화된다. 긍정적인 군 문화 확산을 목표로 하는 최영웅 소령이 '기획'했고, 그와 같은 부대 다른 직책에서 복무 중인 용사들이 자발적으로 뜻을 모았기 때문이다. 이들이 살아내는 시간과 공간 배경은 같다. 하나의 사안을 여러 각도에서 바라보면 본질을 찾기 쉬워지듯, 같은 시공간에서 펼쳐지는 서로 다른 이야기가 어우러져 '모범적인 군 생활'이란 보편적 형상(形像)을 만들어낸다. 그러므로 이건 구체적인 나침반이다. 입대를 앞둔 동생을 위해, 형들이 정성껏 만들어준 튼튼한 나침반. 덕분에 안개는 사라지고, 동생은 자신 있게 입대할 수 있다.

처음 이 책을 완독하고 무척 놀랐다. 2025년 바로 지금, 입대를 앞둔 청년의 마음을 어루만져줄 생생한 조언으로 가득했기 때문이다. 저자들은 모두 현직 용사들. 청년과 비교했을 때 불과 한두 살 많은 형이다. 그래서일까. 저자들의 글에서 친동생을 생각하는 마음이 한껏 묻어난다. 나라를 잘 지키면서도 스스로의 마음을 잘 지키라는. 직접 맨땅에 헤딩하면서 경험한, 피가 되고 살이 되는 조언을 아낌없이 나눠준다. 이렇게 퍼줘도 되나 싶을 정도로 말이다.

입대를 앞둔 청년에게 전하는 가장 확실한 위로. 한 부대에 소속된 현역 장병이 똘똘 뭉쳐 군 복무에 관한 긍정적인 가치를 전하는 이 책을 진심으로 추천한다.

2025년 8월

고유동

만약 타임머신이 있었다면

현동훈

타임머신이 있었으면 좋겠다는 생각을 한 번 이라도 해 본 적이 있는가? 우리는 무엇인가 잘되지 않을 때, 전에 알았으면 좋았을 무언가를 알았을 때, 타임머신을 타고 과거로 돌아가는 생각을 한다.

　'이걸 그때 알았더라면', '그때 이렇게 했었더라면', '그때 누가 이런 걸 말해줬더라면', 등등. 하지만 무엇이든 가능한 상상 속의 공간과 다르게 현실세계에서는 멋있는 타임머신이 '짠'하고 내 눈앞에 나타나지 않는다.

　아인슈타인에 의하면 과거로의 시간여행은 불가능하고, 우리는 그저 과거의 자신을 후회하며 끝없이 미래로 나아갈 뿐이다. 꽤 비관적인 이야기를 늘어놓았다. 그럼에도 불구하고 지금 이 글을 읽는 여러분은 타임머신을 타고 미래에서 온 사람을 만날 수 있다면 어떨까?

　나는 2024년 1월, 23살이 되고 4주 후 논산 육군훈련소로 입대했다. 내 나이 또래 친구들은 코로나 시기에 입대해서 한참 전에 전역했고, 나의 훈련소 동기들은 평균적으로 나보다 2살 어렸다. 흔히 "군대는 빨리 갈수록 좋다.", "애매하게 군대 늦게 가면 나이대접도 못 받고 서럽다." 등의 말을 한다. 사실

전역을 얼마 남기지 않은 지금도 동기들과 후임들에게 나이로 놀림을 받는다. 하지만 나는 내 나이 또래 친구들이 군대에 있는 동안 홀로 다른 나라로 이사를 갔고, 그 나라의 학교에서 2년간 공부를 했고, 또 한국의 스타트업 회사에서 6개월간 인턴으로 일하기도 했다. 고등학교 시절부터 가지고 있던 꿈을 위해 새벽까지 도서관에 남아 공부도 했고, 또 그 꿈을 포기하면서 혼란스러워하기도 했다. 이런 과정들을 겪으면서, 또 많은 생각을 하고 여러 사람들과 의견을 나누며 나름의 이야기 보따리를 갖게 되었다. 타임머신을 타고 고등학교 졸업식이 끝나던 순간의 나에게 해주고 싶은 말이 생기게 된 것이다.

아쉽게도 2021년 2월의 나에게 돌아가 그 말들을 해줄 수는 없지만, 이 글을 읽고 있는 여러분에게 해줄 수는 있다. 머지않아 미성년자라는 카테고리에서 벗어나 새로운 세상으로 나아갈 준비를 하고 있거나, 갓 스무 살이 되어 새로운 세상을 여행 중인 여러분들, 과거의 나처럼 무엇을 해야 할지 모르거나, 이럴 땐 어떻게 해야 할지 모르는 여러분들을 지금부터 타임머신을 타고 만나려 한다. 그리고 그 첫 번째 이야기는 바로 질문에 관한 이야기이다.

사람들은 생각보다 질문에 친절하게 답해주더라

"*질문*을 많이 해야 한다."

자기계발서, 강연, 심지어 수업시간 학교 선생님까지 너무나도 많은 곳에서 우리에게 질문을 해야 한다고 강조한다.

'질문을 할 수 없으면 제대로 이해를 못 한 것이다.', '질문을 할 줄 알아야 비판적 사고를 할 수 있다.', '모르면 물어봐라.' 등등 우리는 질문의 중요성을 끊임없이 들으며 살아왔다. 하지만 우리가 과연 누군가? 이 책을 읽고 있는 여러분들은 높은 확률로 평생을 한국 사회에서 살아왔을 것이고, 수업이 끝날 무렵 "질문 있는 사람?"이라는 말에 아무런 생각이 들지 않거나, 눈치를 보면서 손을 들려다 말았던 경험이 있었을 것이다.

나도 마찬가지로 궁금한 것이 생길 때마다 선뜻 질문을 하기가 어려웠다.

'너무 생뚱맞은 질문일 것 같은데.', '질문을 하면 내가 잘 모르는 사람처럼 보이지는 않을까?', '이 사람이 귀찮아 하지 않을까?', '내가 이 사람에게 물어본다고 해서 내 문제가 해결이 될까?'와 같은 생각이 머릿속에 먼저 떠올랐고, 결국 아무 말도 하지 못한 채 기회를 놓치기 일쑤였다. 내 질문을 들은 사람이 나에 대해서 어떻게 생각할지, 그 사람의 시선을 너무 강하게 의식했던 것이다.

이 시점에 나는 타임머신을 타서 여러분에게 한 마디를 전해주고 싶다. 바로 "사람들은 생각보다 질문에 친절하게 답해주더라!"라는 것이다. 남의 시선을 의식하고, 그들이 날 어떻게 생각할지 걱정하던 나였지만 그 두려움을 이겨내고 질문을 했던 적이 몇 번 있었다. 그리고 놀랍게도, 하지만 어쩌면 당연하게도, 그 질문들을 던졌던 사실이 나에게 부정적인 결과를 가져온 적은 단 한 번도 없었다. 가장 극단적이지만 확실한 예를 보여주기 위해서 학기 중 런던에서 내가 가진 모든 소지품이 담긴 가방을 도둑맞았던 이야기를 한 번 들려주겠다.

2022년 어느 날, 저녁까지 학교에 남아서 수업과 다른 할 일을 끝낸 나는 오랜만에 고등학교 친구와 만나기로 했다. 같은 런던에서 학교를 다니고 있었지만 사는 곳도 멀고 동선도 겹치지 않았던 친구였다. 자주 볼 일이 없었기에 너무나 반갑고 즐거웠고, 저녁만 먹고 헤어지기에는 영 아쉬워서 맥주 한 잔씩 하고 들어가자는 얘기가 자연스럽게 나오게 됐다. 이날은 런던에서 흔치 않은, 밖에서 걷기 딱 좋은 날이었기에 가게에서 마실 걸 사 들고 템즈강가 공원으로 향했다.

친구와 공원 벤치에 앉아 경치를 보며 맥주를 마시고 수다를 떨던 나는 아무런 생각 없이 등에 메고 있던 가방을 앉아 있던 벤치에 올려뒀다. 바로 옆에, 그것도 내가 앉아있는 바로 그 벤치였기에 학교에 늘 가지고 다니던 노트북, 아이패드, 도서관에서 빌린 오래된 책들, 부모님께서 고등학교 졸업 선물로 사주셨던 펜, 그리고 신분증 대용으로 썼던 여권까지, 내 모든 소지품이 담겨있던 그 가방을 너무나도 무방비하게 올려놨던 것이다. 그리고 그 방심의 대가로, 한참 동안 친구 얼굴을 보며 대화하던 나는 고개를 돌려서 가방이 통째로 사라진 광경을 보아야만 했다.

그 이후의 일들은 너무 당황한 나머지 정확하게 기억이 나지 않는다. 강가 공원을 따라서 하염없이 뛰어다니며 가방의 흔적을 찾고, 아이패드 위치추적 기능으로 가방이 어디 있는지 애써 알아내 보려 했다. 하지만 결국 경찰에 도움도 안 되는 도난 신고서를 접수하는 일 말고는 아무것도 할 수 있는 게 없었다. 도난 신고서를 내고 나서 한숨 자고 일어나니 정신이 들면서 갖가지 생각이 몰아치기 시작했다.

'다음 주까지 제출해야 하는 내 과제는 어떡하지? 처음부터 다시 써야 하는데.', '도서관에서 빌린 책들은 또 어떻게 해야 하지? 책을 잃어버리면 다 물어줘야 할 텐데.'

가뜩이나 할 게 많아서 지끈지끈 아프던 머리였는데, 이 일들을 도무지 어떻게 해결해야 할지 감이 오질 않았다. 이렇게 해야 할까 저렇게 해야 할까 여러 가지 떠오르는 방법은 많았지만 뾰족한 해결책은 보이지 않았다.

이런 막막한 상황에서 내 문제를 해결할 수 있었던 실질적은 방법은 결국 질문하기였다. 우선 과제를 제출해야 했던 수

업의 교수님께 지금까지 작성했던 초고와 자료조사 내용이 들어있던 노트북을 도둑맞았다는걸 말씀드렸다. 당시 우리 학교는 모든 과제 제출을 turnitin이라는 표절 검사 플랫폼에 업로드해야 했고, 1초라도 제출 기한을 넘길 경우 0점 처리 되는, 무시무시하게 엄격한 과제 제출 규칙을 갖고 있었다.

이 절망적인 상황에서 이판사판이라 생각했던 나는 교수님 연구실 앞까지 무작정 찾아갔다. 복도에서 한참을 망설이다가 들어가기로 결심하고, 문을 똑똑 두드린 뒤 교수님을 불렀다.

그 교수님의 수업을 듣던 수많은 학생 중 그저 한 명이었던 나에게 도움을 주실 수 있을지, 내 물건을 내가 도둑맞고 나서 교수님께 도움을 요청하는 게 좋지 않게 보이지 않을지 걱정이 됐다. 하지만 굳게 마음을 먹고 과제 제출 기한을 연장할 수 있는 방법이 있는지, 내가 도움을 받을 수 있는 방법이 있는지 여쭤봤다. 단칼에 거절할 것이라고 생각했던 내 예상과는 전혀 다른 대답을 들을 수 있었다.

교수님 단독으로 특정 학생에게 과제 제출 기한을 연장해 줄 수는 없지만, 학교 사무처에 경찰 신고서와 같은 범죄 피해 증빙서류를 첨부해서 심사를 통과하면 가능할 수도 있다는 것이었다. 그 말을 듣는 순간 절망으로 가득했던 시간 끝에 처음으로 희망이 보였다. 마치 물에 빠져 허우적대고 있던 찰나에 하늘에서 빛나는 동아줄이 내려오는 기분이었다.

도서관에서 빌렸던 오래된 책들도 마찬가지였다. 교수님으로부터 살길을 찾았던 나는 무턱대고 학교 도서관 사무실에 찾아가 문을 두드려 빌렸던 책을 도둑맞았다고 말씀드렸고, 내 경우에 책값을 물어주지 않을 수는 없는지 물어봤다. 학교 책을 잃어버린 건 정말 죄송하지만, 가방을 통째로 도둑맞았고, 다시 찾으려고 이 방법 저 방법 다 써보았지만 책을 다시 찾을 방법이 없다고 말씀드렸다. 놀랍게도 내 말을 차분히 들어주시던 도서관 직원분께서는 그 자리에서 내가 빌렸던 책들을 도난 처리해주시고, 책에 대해선 걱정하지 않아도 된다고 말씀하셨다. 심지어 내가 노트북과 아이패드를 도둑맞았다는 사실을 들은 뒤, 학교 도서관에서 전자기기를 사용할 수 없는 학생들을 위해서 노트북을 무료로 일정기간 동안 대여해준다는 사실도 알려주셨다.

학교 도서관에서 빌린 책을 도둑맞았다고 통보하고, 도움을 받을 수 있는지 물어본, 어찌 보면 뻔뻔하게 보일 수도 있었던 학생에게 그 사서분께서는 친절하게 해결책을 제시해주고, 나아가 노트북을 빌려서 앞으로의 수업에 문제없이 참여할 수 있는 방법도 알려주셨다. 도서관에서 대출을 금지당하지는 않을까 걱정하며 들어선 사무실이었는데, 뜻밖의 도움까지 받게 된 것이다.

이날 이후로 나는 질문을 할 때 조금은 덜 망설이게 되었다. 궁금한 것이 생기거나, 해결하고 싶은 문제가 생겼을 때 사람들에게 질문을 던졌고, 내 걱정이 무색할 정도로 나를 위해서 성심성의껏 대답해주는 사람들을 볼 수 있었다. 물론 막히는 게 생길 때마다 무턱대고 질문을 남발한 건 아니었다. 내 나름대로 조사도 해보고, 알아낸 정보를 정리해서 그 자료를 토대로 질문을 했던 것이다. 나의 진심을 그들이 느낄 수 있던 건지는 잘 모르겠지만, 나의 정성 어린 질문을 싫어하거나, 귀찮아하는 사람은 찾아볼 수 없었고, 각자의 사정으로 인해서 질문에 당장 대답해 줄 수 없더라도 다른 사람을 소개해주거나 며칠이 지나서라도 답변을 주려 했었다. 그리고 바로 이런 경험으로부터, 조마조마한 마음을 억누르고 교수님 연구실의 방문을 두드렸던 그 기억으로부터 나는 "사람들은 생각보다 질문에 친절하게 답해 주더라!"라는 말을 여러분에게 전해주고 싶었다.

　2022년 초 런던 거리를 뛰어다니며 도둑맞은 가방에서 시작된 말썽거리들을 해결하려던 내가 타임머신을 타고 여러분에게 전하는 말인 것이다.

하고 싶은 게 안 보여도, 하고 싶은 게 변해도 괜찮아! 세상은 생각보다 넓어

　　　　　여러분은 꼭 하고 싶은 일이 있는가? 생각만 해도 가슴이 뛰고, 이걸 하지 않으면 평생 후회할 것 같고, 이걸 위해서 태어났다는 생각이 들 정도로 열정을 가진 일이 있는가? 만약 있다면 정말 축하한다는 말을 먼저 해 주고 싶다. 언젠가 우리나라 사람들, 특히 이 글을 읽는 여러분들이 대부분 속해있을 1020 청년들이 하고 싶은 일을 찾기 힘들어한다는 기사를 읽은 적이 있다. 초·중·고 12년 동안 눈앞의 수행평가, 중간고사, 기말고사를 생각하며 살아가고, 수시 혹은 수능을 성공적으로 끝내서 대학에 들어가는 것만을 목표로 하다 보니 그 외에 자신이 진정으로 하고 싶은걸 찾기 어려워한다는 내용이었다. 그럼에도 불구하고 자신이 진심으로 하고 싶은 일이 있고 그 생각이 확고하다면 정말 대단한 일이 아니겠는가?

여기까지 읽었을 때, '부럽다, 난 아직 하고 싶은걸 못 찾았는데' 혹은 '꼭 지금 하고 싶은걸 찾아야 하나? 시간은 충분히 많은 것 같은데'라는 생각이 드는 사람이 분명 있을 것이다. 또 이제는 뭔가 하나 정해야 할 것 같은데, 아직 하고 싶은 게 뭔지 몰라서 막막하고, 두려운 사람도 있을 것이다. 어느 쪽이든 괜찮다. 내가 정말 하고 싶은 게 뭔지 아직 찾지 못했더라도, 이 글을 읽는 여러분들에게는 충분한 시간과 기회가 있고, 또 찾을 수 있는 기회가 올 것이라는 것을 나의 경험을 통해 전해보려 한다.

이번 이야기는 2018년, 내가 고등학교 1학년이었던 때에서 시작한다.

가고 싶었던 학교에 들어가서 행복한 것도 잠시, 나는 곧바로 무수히 많은 선택들을 직면해야 했다. 우선 17살의 나에게 가장 막중하게 다가왔던 선택 두 가지는 바로 동아리와 선택과목 수업 신청이었다. 신입생들은 학교에 지원하기 훨씬 전부터 인터넷 한구석에 있는 문서나 알고 있는 인맥과 같은 정보력을 동원해서 학교에 어떤 동아리들이 있는지, 어떤 활동들을 하는지 알아낸 상태였고, 학교 문화적으로도 동아리 활동이 큰 비중을 가지고 있던 터라 모두가 어느 동아리에 지원할지 치열하게 눈치싸움을 하고 있던 중이었다. 거기에 더불어 고등학교지만 학생들이 수강신청을 통해서 듣고 싶은 수업을 들을 수 있는 교육과정 덕분에 대학생도 아니면서 어느 수업을 신청할지 고민해야 했던 것이다.

나름 어느 동아리에 지원자가 많이 몰릴지, 어떤 활동을 해야 나에게 유리할지, 어떤 수업을 들어야 할지 고민하긴 했지만, 이제 갓 중학교를 졸업했던 내가 치밀한 설계를 할 수 있을 리가 없었다. 정보력을 총동원했다고는 하지만 아직 본격적으로 시작하지도 않은 학교생활을 예측할 수는 없었고, 결국 나의 예측과 계산보다는 열심히 홍보를 하던 선배들의 말솜씨와, 조금이라도 내가 관심이 있는 주제의, 재밌어 보이는 동아리와 수업들에 끌리고 말았다.

당시 나는 이미 공부하고 싶은 과목과 분야를 확정 짓고 대학 논문까지 찾아보며 깊게 파고들었던 주변 친구들과는 다르게 자연과학보다는 사회과학이나 인문학이 더 재미있다는 것 말고는 구체적인 관심 분야를 정하진 못했었다. 오죽했으면 학교에 들어온 뒤 무엇을 공부하고, 장차 어떤 일을 하고 싶냐는 자기소개서 문항에서도 '아직 모르겠습니다.'를 500글자로 장황하게 늘려 썼을 정도였다. 이런 상황에서 나는 단지 '한 학기에 하나씩 자유 주제로 페이퍼를 쓰는 것이 재밌어 보여서' 세계사 수업을 선택했고, '선배들의 시연이 멋있고, 활동이 재밌어 보여서' 정치토론 동아리와 모의법정 동아리, 록 밴드 등의 동아리를 하게 되었다. 그리고 그렇게 얼렁뚱땅 정한 수업과 동아리가 어쩌다 보니 나의 학교생활과, 주 관심사와, 아이덴티티가 되었다.

어떻게 이런 결론에 도달했는지 궁금한가? 그다지 대단하고, 거창한 일이 있지는 않았다. 페이퍼를 쓰는 게 재밌어 보여서 선택했던 세계사 수업 첫 학기, 나는 무척이나 끔찍한 창작의 고통을 겪어야만 했다. 하지만 고통과 함께 또, 눈을 번쩍 뜨게 만드는 학문적 자극도 경험할 수 있었다. 냉전에 관한 미국 역사 교과서들을 분석했던 페이퍼를 쓰면서 당시 전 세계를 휩쓸었던 국제정치적 이슈들을 공부하고, 또 그 이슈들을 균형 잡힌 시각에서 분석하기 위해선 어떤 태도를 취해야 하는지 스스로 깨닫게 됐다.

또 가장 중요한 경험으로, 세계사, 국제 정치, 외교 등의 분야를 더 깊게 공부하고 싶다는 생각을 하게 되었다. 결국 그 학기가 끝난 이후 나는 그 수업을 졸업할 때까지 들으며 유고슬라비아 전쟁, 스위스 연방의 형성 과정, 로마법과 현대 대륙법의 관계 등과 같은 주제들을 탐구하게 되었고, 더 나아가 비교정치학, 정치학 세미나, 경제학 등의 수업도 수강하게 되었다. 이런 수업들에서 배운 개념들을 정치토론 동아리, 모의법정 동아리에서 활용하며 전국 토론대회, 프레젠테이션 대회에서 수상하기도 했고, 최종적으로 UN, OECD 같은 국제기구에서 일하고 싶다는 꿈도 갖게 되었다.

여기까지 읽으면 결국 우연히 접한 수업과 동아리를 통해서 진로까지 확정 짓게 되었다는, 어떻게 보면 조금 뻔하고 모범생 같은 이야기로 느껴질 거라 생각한다. 하지만 아니다. 나도 그랬으면 좋았을 것이라 생각하지만, 이번 이야기는 여기서 끝나지 않는다. 국제기구에서 일하는 꿈을 갖고 영국으로 날아가 철학, 정치학, 경제학을 공부하던 나는 다양한 진로 관련 행사나 현직자 인터뷰 등에 참여하면서 국제기구에서 일하는 것이 내가 생각하던 것과는 많이 다르다는 것을 깨닫게 되었다.

내가 배웠던 국제정치학 이론들을 적용하고, 국가 간의 갈

등을 직접 조정하기보다는, 국제기구라는 기구의 공무원과 같은, 관료로서의 삶에 더 가까울 수도 있다는 사실을 알게 된 것이다. 꿈꾸던 나의 미래가 잘 알지 못해서 갖고 있던 막연한 이미지 혹은 기대였을 수도 있다는 생각을 하니 마음이 아프고, 눈앞이 캄캄해지는 기분이었다. 당장 다음 학기에 무슨 수업을 들어야 할지, 국제기구가 아니라면 무슨 목표를 가져야 하고, 무엇을 해야 할지 혼란스러웠다. 열심히 듣던 수업들이 의미가 없게 느껴졌고, 아무것도 하지 않고 방에 틀어박혀 있게 되었다. 이대로 대학교를 다니다 보면 졸업을 하고, 취업을 하거나 대학원에 가야 할 텐데, 덜컥 겁이 났다. 두려움에 못 이겨 제대로 준비도 하지 않은 채 이 회사 저 회사 인턴에 지원하기도 했지만 보기 좋게 전부 떨어졌다. 결국 나는 대학교 2학년을 마치고, 군대나 갔다 와야겠다는 생각에 한국으로 도망치듯 돌아오게 되었다.

집으로 돌아온 뒤 한동안은 가족들과 함께 푹 쉬고, 아무런 생각을 하지 않는 나날을 보냈다. 아니, 생각을 미루는 나날을 보냈다. 입대를 하긴 해야 하는데, 언제 해야 할지, 그전까지 이렇게 계속 집에서만 있을 것인지, 계속해서 질문들이 떠올랐지만 애써 외면했다. 한 달, 두 달 시간이 지나자 뭐라도 해야 되겠다 싶었다. 전부터 고민하고 있었던 어학병 특기 지원을 위해 이것저것 알아보기 시작했고, 내가 지원할 수 있는 가장 빠른 시험 날짜를 알아보며 서류들을 준비하기 시작했다. 또 그와 동시에 입대 전까지의 시간을 알차게 보낼 방법을 찾다가 다시 한번, 한국에서 인턴을 지원해 보자고 마음먹게 되었다. 십수 개의 회사에 지원서를 냈지만 한국에서의 구직활동 또한 만만치 않았다. 결국 1개의 회사를 제외하고 전부 서류 전형에서 탈락했다. 하지만 그 1개의 회사에 최종 합격하게 되었고, 그렇게 나는 생전 처음으로 AI 교육 스타트업이라는, 그때까지의 내 관심사와는 전혀 연관이 없는 곳에서 인턴생활을 시작하게 되었다.

처음 하는 회사 생활, 나와는 전혀 연관이 없었던 분야의 일을 하려다 보니 쉽지만은 않았다. IT 스타트업이었기에 팀 내의 개발자, 디자이너와 같은 내가 잘 모르는 직무의 팀원들과 소통해야 했고, 작은 팀의 인턴이라서 마케팅, 세일즈, 데이터 분석, 제품 기획 등 여러 분야의 일을 전부 할 수 있어야 했다. 어색했던 초반도 잠시, 팀에 도움이 되기 위해서 주말에도 도서관에서 마케팅 관련 책을 찾아 읽으며 공부했고, 퇴근 후에 저녁을 먹다가 미국 고객에게 미팅이 가능하냐는 연락을 받고 회사로 다시 뛰어가서 혼자 계약을 성사시키기도 했다. 그렇게 인턴으로서가 아니라 팀의 일원으로서 3개월 동안 근무를 하다 보니 팀장님께서 조금 더 회사에 남아있을 수는 없는지 물어봤고, 결국 계약기간을 연장하기까지도 했다.

여기서 다른 무엇보다 중요한 것은, 이 기간 동안 다시 한 번 내가 가야 할 방향을 찾았다는 것이다. 인턴 생활을 하는 동안 마케팅, 세일즈, 제품 기획과 같은 사업과 관련된 지식들과 기술들도 배울 수 있었지만, 여기에 더해 비즈니스라는 새로운 관심 분야를 찾게 되었다.

나는 내가 회사에서 돈을 벌기 위해 노력하고 있을 거라고는 생각하지 못했다. 하지만 직접 겪어본 회사는 사람들이 내가 기획하고 만든 제품을 쓰는 모습을 보는 즐거움과, 나의 열정과 노력이 실질적인 결과물로 나타나는 기쁨을 가르쳐 줬다. 이와 더불어 세상에는 수많은 사람들이 너무나도 다양한 방법으로 돈을 벌고, 사회에 기여하고 있다는 사실도 알게 되었고, 내가 그때까지 알고 있었던 것보다 훨씬 다양한 직업들이 있다는 것도 알게 되었다. 대학교를 졸업하고 해보고 싶은 일도 생겼다. 나에게 있어 국제기구 말고도 다른 관심 분야가 생긴 것이다.

여기서 내가 타임머신을 타서 여러분에게 하고 싶은 말은 바로 하고 싶은 게 아직 안 보여도, 하고 싶은 게 변해도 괜찮다는 것이다. 10대 후반~20대 초반은 정말 해야 할 것도 많고, 신경 쓸 것도 많은 시기다. 하지만 이를 바꿔서 말하면 정말 많은 것을 경험해 볼 수 있는 시기라는 말도 되겠다. 학교 수업, 동아리, 취미 모임, 아르바이트 등등 여러분이 할 수 있는 것들은 정말 많고, 또 그것을 사회적으로 권장하는 시기이기도 하다. 그리고 그런 다양한 경험을 하며 견문을 넓히고 내가 좋아하는 게 뭔지 찾아내는 것, 그게 여러분들이 할 수 있는 일이자 해야 하는 일이다. 이 과정은 말처럼 쉽지만은 않을 수도 있고, 나처럼 하고 싶었던 일이 내 생각과 달라서 다른 분야로 방향을 돌려야 할 수도 있다. 그러나 이 세상은 넓고, 이미 수많은 사람들이 각자 자신만의 개성을 가지고 다양한 분야에서 살아가고 있듯이 여러분도 충분히 할 수 있다는걸, 전해주고 싶다.

하고 싶은 게 생겼다면,
비슷한 사람들을 만나보는 건 어때

'강남 8학군' 혹은 '학군지'라는 말을 들어봤다면, 이 말이 내포하고 있는 부정적인 뉘앙스도 잘 알고 있을 것이다. 특히 대치동 같은 '학군지' 부모들이 하는 행동들은 사회적으로 풍자의 대상이 되기도, 반대로 동경의 대상이 되기도 한다. 초등학교에 들어가지도 않은 아이들을 위해서 전 재산을 투자하여 대치동, 목동과 같은 학군지의 아파트로 이사를 가고, 밤늦게까지 유명한 선생님들이 있는 학원에 아이들을 맡긴다. 그리고 이 모든 것은 자식을 좋은 학교에 보내기 위함이라는 명분으로 귀결된다. 그렇다면 부모들은 왜 아이들을 좋은 학교에 보내려고 할까?

많은 사람들이 좋은 학교에 가려고 하는 이유는 여러 가지가 있을 것이다. 나는 그 이유 중 하나는 학교, 특히 어떤 방식으로든 선발을 거치는 학교에 가는 것이 비슷한 목표를 가지고 열심히 살아온 사람들을 만날 수 있는 곳이기 때문이라고 생각한다. 가장 쉬운 예로 대학교를 생각해 보자.

우리나라에서 대학교를 가려면 그 대학교를 지원하는 사람들 중 상위의 내신성적 혹은 수능 성적 등을 가져야 하고, 경쟁을 하여 합격하여야 한다. 학생들은 입학 조건을 맞추기 위해서 놀고 싶은 마음을 참고 공부를 해야 한다. 결국 합격했을 때 학교에서 만나는 사람들은 자신과 비슷한 수준의 노력 혹은 능력을 지닌 사람들일 것이고, 이 사람들과의 시너지가 학생 자신에게 이득이 된다는 것이다.

그런데 나는 방금 말한 시너지가 꼭 시험을 봐서 합격하는 학교에서만 적용된다고 생각하지 않는다. 시험 점수가 비슷한 사람들 사이에서만 시너지가 생기는 것이 아니라, 자신과 비슷한 관심사, 혹은 목표를 가진 사람들과의 관계 형성이 자신에게 도움이 된다는 것이다. 이 시점에서 내가 타임머신을 타고 여러분들에게 전하려는 세 번째 이야기를 시작하려고 한다. 바로 "하고 싶은 게 생겼다면 비슷한 사람들을 만나보자!"라는 말이다.

앞선 두 번째 이야기에서 읽었듯이 나는 고등학교 때 세계사, 국제정치학 등을 공부하면서 국제기구에서 일하고 싶다는 꿈을 키웠다. 수업 시간에 배웠던 내용들을 실제로 활용하고 싶다는 생각을 했고, 또 그런 능력을 가진 사람이 되고 싶었다. 하지만 국제기구에서 일하려면 무엇을 해야 할지 17살이 혼자서 알아내기는 너무나도 어려웠다. 여러분들은 궁금증이 생겼을 때 어떤 방식으로 해결하는가? 나는 주로 내 노트북이나 스마트폰을 켜서 구글/네이버와 같은 검색 사이트를 활용하는데, 이 책을 읽는 여러분도 크게 다르지는 않을 것이다. 이때 여기서 한 가지, 여러분들은 검색 사이트나 유튜브 영상과 같은 온라인에서 정보를 찾는 것이 항상 만족스러웠는가? 내 경험을 말해보자면, 대다수의 경우는 만족스러웠지만 이것보다 조금 더 자세하고, 생생한 이야기를 들었으면 좋았겠다는 생각을 한 적이 꽤 있었다. 표면적인 정보가 아니라 정말로 핵심이 담긴 이야기 말이다.

여기에 더해서 나는 가끔 내가 무엇을 모르는지조차 모르는 때도 있었다. 어떤 것에 대해 알고 싶은데, 어떤 질문을 던져야 하고 어떤 정보를 얻어야 하는지 모를 때 말이다. 나는 국제기구에서 일하려면 어떻게 해야 하는지 네이버, 구글, 유튜브 등등 여러 곳에 검색을 하고, UN, OECD 등등 각 국제기구의 홈페이지에도 들어가 봤지만 크게 의미 있는 정보를 찾을 수는 없었다. 그렇다면 이럴 땐 어떻게 해야 할까?

이때 나에게 많은 도움이 되었던 것은 내 옆에 있던 친구들이었다. 학교 정치토론 동아리, 세계사 수업, 모의법정 동아리 등에서 만난 친구들과 이런저런 이야기를 나누면서 우리가 할 수 있는 게 무엇이 있는지 알아봤다. 같은 동아리에 있던 선배들과 같이 외부에서 주관하는 프레젠테이션 대회, 경제 토론대회 등이 있으며, 팀을 이뤄서 출전할 수 있다는 것을 알아내고 수상하기도 했다.

학교 밖에서 할 수 있는 활동 중 대한민국 청소년 의회와 같이 나와 비슷한 관심사를 가진 학생들이 활동하는 단체가 있다는 것도 알게 되어 2년간 활동을 했고, 이 모든 활동들을 나중에 대학교 지원 시 내가 정치학과에 진학하고자 하는 이유를 설명할 때 활용할 수 있었다. 심지어 정치학, 경제학을 공부하고자 한 이유도 나와 비슷한 진로를 희망했던 친구들과 이야기를 나누며 국제기구에서 필요한 능력을 키우기 위해서는 정치학과 경제학이 필요할 것이라고 생각했기 때문이었다. 그리고 마음이 아프지만 국제기구라는 진로를 포기하게 된 계기도 대학교에서 비슷한 진로를 희망하는 학생들이 만든 단체에서 주관한 UN 현직자 초청 강의에 참석하고, 국제기구에 입사하고 싶어 하는 사람들이 모인 온라인 카페에 정리된 글을 읽으며 내 이상과 현실의 괴리를 인식했기 때문이었다.

이번에는 또 다른 기억을 꺼내 보도록 하겠다. 영국 회사들에 지원하고 전부 탈락해서 귀국을 결심했던 때, 이대로면 한국에 돌아가서 아무것도 하지 못할 것 같아서 굉장히 불안하고, 두려웠던 때가 있었다. 이때 지푸라기라도 잡아야겠다는 심정으로, 같은 학교의 한국인 선배들 중 영국에서 일하고 있던 선배에게 무작정 메시지를 보냈었다. 나와 비슷한 학과를 다니고 있었고, 당시 내가 지원했다가 탈락했던 회사들과 비슷한 회사에서 일을 하고 있었기 때문에, 뭐라도 얻을 수 있겠지 하는 마음으로 연락을 했다.

그전까지 한 번도 만나본 적도 없고, 이름조차 모르던 선배였기 때문에 메시지를 보내고도 답장이 오기 전까지 전전긍긍하고 있었는데, 그 선배는 흔쾌히 다음 날 학교에서 만나자고 했다. 학교 카페에서 커피 한 잔씩을 사 들고 앉은 선배는 그 자리에서 내 이력서를 보고, 고칠 점을 알려주고, 내가 잘 모르던 산업 분야들의 차이점과 함께 각각의 산업 중 어떤 분야의 회사에 가고 싶은 것인지 나에게 물었다. 또 자신이 인턴을 하면서 만났던 동료 인턴들의 이야기와, 자신이 회사에 지원하기 전에 어떤 활동들을 하고 어떤 공부를 했는지도 친절하게 가르쳐 줬다.

이야기가 끝날 때쯤 나는 내 이력서의 고칠 점이 얼마나 많았는지 알았고, 회사에 지원을 했지만 그 회사가 정확히 무슨 일을 하는지도 몰랐다는 것을 알았고, 또 앞으로 어떤 점을 준비해야 하는지도 알게 되었다. 혼자서 끙끙대며 검색하던 몇 주간의 시간보다 그 선배와 함께 보낸 1시간 반 남짓의 시간이 수십 배는 더 도움이 되었던 것이다. 그때 그 선배에게 배웠던 것들을 적용한 이력서가 나중에 한국에서 인턴에 합격하는 데 도움이 됐다는 사실은 너무나도 당연할 것이다.

한국에 돌아와서 입대하기 전 6개월 남짓 한 시간 동안에도 이런 일들은 꾸준히 일어났다. 운 좋게 인턴 자리에 합격해서 일하게 되었던 내 팀에는 나 말고도 다른 인턴들이 3~4명 정도 있었다. 나이도 비슷하고, 전공과 관심사도 비슷했던 우리들은 회사 동료에서 한 발짝 더 나아가 친구처럼 지냈다. 일을 하며 막히는 게 있으면 도와주고, 퇴근 후 저녁도 먹으러 가고, 클라이밍이나 러닝 등 운동도 함께 했다. 앞으로의 진로나 자취생활 팁, 학교 공부 등 여러 방면에서 이야기를 나누며 서로에게서 배웠고, 학교 졸업 후에 무엇을 해야 할지 고민하고 있던 나에게 이는 너무나도 큰 도움이 되었다.

각자 주변 친구들은 어떤 일을 하기 위해 어떤 준비를 하는지, 학교생활 중 어려움이 닥쳤을 때 어떻게 해결했는지 등 대화를 나누며 내가 알지 못했던 세계들과 사람들을 간접적으로 체험할 수 있었다. 인턴들뿐만 아니라 우리 팀에는 팀장님, PM 분들과 같이 나와 비슷한 길을 걸어왔고 각자 자신의 분야에서 대단한 능력을 발휘하고 있던 분들이 계셨는데, 이분들과도 밥을 먹거나, 점심시간에 잠시 음료를 사 들고 산책을 하며 이런저런 얘기를 나누고, 조언을 들으며 앞으로 내가 걸어가야 할 길을 그려나갈 수 있었다.

인턴을 마친지 거의 2년이 지난 지금 이 시점에서도 이 사람들과는 꾸준히 만남을 지속하고 연락을 주고받으며 많은 도움을 받고 있다.

이번 이야기에서 내가 말하고자 하는 것은 결국 비슷한 관심사와 목표를 가진 사람들이 모였을 때 많은 도움을 받을 수 있고, 나아가 다른 사람들에게도 도움을 줄 수도 있다는 것이다. 사실 생각해 보면 당연한 이야기일 수도 있다. 하다못해 축구를 하더라도 길거리에서 아무나 잡아서 하는 것이 아니라 축구를 좋아하는 사람들끼리 모인 동호회에 가입하면 더 재미있고, 체계적으로 축구를 할 수 있을 것이고, 요리사가 되고 싶으면 그림을 그리는 사람들보다는 요리를 좋아하고, 요리를 배우려는 사람들끼리 모였을 때 더 도움이 될 것이다.

하고 싶은 일이 생겼다면, 하고 싶은 일이 생겼는데 무엇부터 해야 할지 모르겠고 어떻게 해야 할지 모르겠다면. 또 나와 비슷한 고민을 했거나, 하고 있거나, 그 고민을 해결한 사람들과 이야기를 해보자는 것이다. 그 사람들을 만나는 곳이 학교가 될 수도 있고, 동아리가 될 수도 있고, 동호회가 될 수도 있고, 길거리가 될 수도 있다. 시간과 장소는 중요하지 않다. 그 사람들과 만나는 것, 그것이 한 발짝 내딛는 시작이 될 수 있다.

망설임 때문에 도전이 고민된다면, 일단 해보자

사람이 무엇인가에 도전할 때 가로막는 걸림돌에는 무엇이 있을까? 금전적 요인, 시간적 요인, 기회비용 등등 여러 가지 이유가 있을 것이다. 이해를 돕기 위해 새로운 악기를 배운다고 가정 해보자. 그 악기를 배우기 위해서 수업료를 내야 하는데 생활비가 빠듯해 포기할 수도 있다. 수업을 받을 수 있는 시간이 없어서 아쉬움을 뒤로 한 채 돌아설 수도 있다. 또 악기를 배우는 대신 자신에게 더 가치 있는 일(예를 들어 수능을 한 달 앞둔 수험생에겐 대체로 악기 수업보다 수능 준비가 본인에게 가치 있는 일일 것이다.)을 할 수 있기 때문에 포기하는 경우도 있을 것이다. 그리고 여기에서 나열한 걸림돌들은 공통적으로 그 사람의 내면보다는 외부적인 요인들에서 비롯되었다고 보아도 타당할 것이다.

그렇다면 반대로 우리의 내면에 자리 잡고 있는 걸림돌도 존재할까? 마찬가지로 여러 가지가 있을 수 있겠지만 나는 이를 통틀어서 망설임이라 부를 수 있다고 생각한다. 뭔가 하기 전에 망설여 본 경험이 있다면, 특히 그 망설임을 이기지 못하고 끝내 포기해 본 경험이 있다면, 이해하기 쉬울 것이다.

포기해야 할 외부적 요인이 없더라도, 나를 가로막는 장애물이 없더라도, 내 마음이 나를 붙잡아서 결국 포기하고 마는 것이다.

여기까지 읽었으면 눈치를 챘겠지만, 이번 이야기에서는 타임머신을 타고서 내가 다양한 이유로 망설였던 때로 돌아가 보려 한다. 그리고 나를 망설이게 했던 이유를 살펴보면서, 내가 이를 극복했던 방법인 '일단 해보기'의 효과를 같이 살펴보자.

우선 첫 번째 이야기를 위해서 내 인생에서 절대로 잊을 수 없는 곳일 논산 육군훈련소로 돌아가 보겠다.

2024년 1월, 차가운 공기가 짧게 깎은 머리를 스치는 아침, 나는 연병장에 다른 훈련병들과 함께 줄을 맞춰 서 있었다. 입영한 지 이틀 차 아침이었기에 아직 동기들과도 서먹서

먹 했고, 주변의 모든 게 낯설기만 했다. 본격적으로 훈련소 생활이 시작되는 날, 긴장하며 서 있던 우리에게 빨간 모자를 쓴 사람이 다가왔다. 바로 말로만 듣던 훈련소 조교였다. 전날 입영하고 나서 생활관까지 오고, 기본적인 물품들을 지급받으면서 몇 마디 나눠보고, 자기소개도 하긴 했지만 오늘부터가 진짜였다.

입대 전에 많은 친구들의 증언, 유튜브 영상, TV 프로그램 등으로 예습을 해 온 나였다. 하지만 오히려 너무 많은 정보를 머릿속에 넣고 온 탓이었을까, 조교가 무슨 말을 할지 전혀 예상이 가지 않았다. 영원처럼 느껴지는 찰나의 순간이 지나고, 그가 입을 열기 시작했다.

"반갑다, 어제 간단하게나마 소개를 했지만 앞으로 여러분들을 담당하게 될 분대장이다. 이제부터 본격적으로 훈련을 시작하게 될 텐데, 그에 앞서 나를 도와줄 분대장 훈련병이 필요하다. 하고 싶은 사람 있나?"

그의 말이 끝나고, 또 다시 정적이 찾아왔다. 분대장 훈련병이 도대체 뭘까, 맡게 되면 어떤 일을 해야 할까? 괜히 나만 힘들어지는 게 아닐까? 많은 생각이 머릿속에서 휘몰아쳤다. '한 번 해 볼까?' 라는 생각도 스쳐 지나갔지만 섣불리 입이 떨어지지 않았다. 주변을 둘러봐도 전부 서로 눈치만 보고 있었고, 결국 그 자리에 있던 16명의 훈련병 중 어느 누구도 먼저 자신이 하겠다고 나서지 않았다.

여기서 잠시 앞으로 되돌아 가보자. 나는 분명 처음에 '한번 해 볼까?'라는 생각을 했다. 즉, 해보고 싶다는 마음이 조금이나마 있었던 것이다. 또 내가 확실하게 힘들어질 것이라고 누군가가 말해준 것도 아니었다. 하지만 나는 잘 몰라서, 가뜩이나 이제 막 입대를 한 상황에서 내가 더 힘들게 될까봐 무서워서 선뜻 손을 들지 못했다. 외부적인 요인이 아니었다. 망설임이었다.

이런 일들은 훈련소를 수료하고 난 뒤에도 계속해서 일어났다. 자대에 온 지 약 2달, 이제 겨우 같이 생활하는 인원들의 얼굴과 이름에 익숙해지고, 조금씩 적응해가는 시점이었다. 생활관에서 동기들과 놀고 있던 어느 오후, 중대장님께서 종이 한 장을 든 채로 문을 열고 들어오셨다. 여단에서 진행하는 '군 복무 가치 발표 경연대회'와 관련된 공문이었는데, 대대에서 출전하는 사람이 없어 우리 중대에서 나가고 싶은 사람을 찾고 계셨던 것이었다. 생활관에 있던 선임들은 전부 나가고 싶어 하지 않았고, 중대장님께서는 마지막으로 나와 내 동기들에게 물어보셨다.

"이거 혹시 나가고 싶은 사람 있니?"

이때도 마찬가지로 내 머릿속에선 제일 먼저 '한 번 나가볼까?'라는 생각이 먼저 들었다. 초등학교, 중학교, 고등학교 내내 발표대회, 토론대회 등 말하기와 관련된 대회는 빠지지 않고 출전했었기도 했고, 군대에서 이런 경험을 해보는 것도 재미있을 것 같았다. 심지어 여단 대회에서 수상하면 포상휴가도 주어지고, 사단 대회에도 출전할 수 있었다. 평소의 나라면 당연히, 뒤도 돌아보지 않고 참여할 만한 기회였다.

하지만 이때도 입에서 "저, 하겠습니다!"라는 말이 나오지 않았다. 그렇게 말하기를 좋아하던 나인데, 전투복을 입고서 많은 사람들 앞에서 발표하는 내 모습을 생각해보니 너무 어색했다. 또 '군 복무 가치 발표 경연대회'라니, 평소에 내가 관심있어 하고 재밌어하던 주제와는 너무나 달랐다. 괜히 여단장님을 비롯한 여단 간부님들 앞에서 입대한 지 얼마 되지도 않은 내가 이상한 얘기를 늘어놓을 것만 같고, 너무 창피할 것 같았다.

훈련소에서의 이야기와 자대에서의 해프닝, 이 두 가지 사건 모두 나를 가로막았던 것은 내 자신이었다. 정리해보자면 두려움, 창피함, 걱정 등의 감정이 나를 사로잡았었고, 무언가에 대해서 잘 몰라서 결정을 내리기 어려웠거나 내가 잘할 수 있을지 확신이 서지 않을 때 망설임이 나를 찾아왔다. 물론 이게 나쁘다는 뜻은 아니다. 어쩌면 지극히 당연한 반응이다. 무서우면 하기 싫고, 잘 모르면 확신을 가지기 어려운 게 잘못은 아니니까. 하지만 그로 인해서 내가 해보고 싶은 일을 못 해본다는 건 너무 아쉬웠다. 그래서 난 한 마디 주문을 외웠다.

'일단 해 보자!'

서로 눈치만 보고 있던 16명의 훈련병들 사이에 선 내 담당 분대장, 그는 우리에게 마지막 기회를 준다는 듯한 목소리로 다시 한번 물었다.

"진짜 하고싶은 사람이 한 명도 없나?"

나는 그때 정신이 번쩍 들었다.

'일단 해보자!'

망설임이 사라진 것은 아니었다. 여전히 걱정되고, 무섭기도 했다. 하지만 '한번 해볼까?'라는 생각이 들었는데 그냥 꼬리를 내리기에는 내 자존심이 허락하지 않았다. 그렇게 나는 7주 동안 분대장 훈련병이 되었다.

분대장 훈련병이라는 직책의 역할에 대한 내 걱정이 터무니없는 것은 아니었다. 제 한 몸 챙기기도 버거운 훈련소 생활 동안 나는 15명의 다른 동기들도 챙기고, 무슨 일이 있으면 항상 불려 나가야 했고, 심지어 행군 도중 쉬는 시간에 앉지 못하고 일어서서 경계를 하기도 했다.

하지만 내가 그 선택을 후회했는지 묻는다면 절대 아니라고 당당히 답할 수 있다. 그러한 노력에 대해서 보상을 받기도 했고,(무려 훈련병의 신분으로 논산훈련소 안에 있는 파리바게트에 갈 수 있는 권리를 3번이나 얻을 수 있었다!) 7주 동안 동기들과 빠르게 친해지고, 그들에게 많은 도움을 받을 수 있는 계기가 되기도 했다.

내가 챙겨주었던 친구들이 반대로 체력이 약해서 보충교육을 받아야 했던 나를 도와주었고, 덕분에 더 이상 개인정비 시간에 연병장에 나가 뛰지 않아도 되었다. 훈련소 마지막 날 밤에는 조교로부터 최고의 분대장 훈련병이었다는 말도 들을 수 있었다.

처음에 나를 망설이게 만들었던 이유는 하나도 기억나지 않았고, 자랑스러운 분대장 훈련병으로서, 큰 자부심을 가지고 훈련소를 떠날 수 있었다.

군 복무 가치 발표대회도 마찬가지였다. 내가 머뭇거리던 사이 중대장님은 생활관을 나가시면서 대회 공문 한 장을 테이블에 놓으셨고, 혹시라도 생각이 바뀌면 찾아오라고 하셨다. 할 수 없이 돌아서려던 그때, 내 동기가 자신은 참가하기로 결정했다고 말하면서 나에게도 같이 할 생각이 없냐고 물었다. 아직 참가하고 싶은 마음보다 망설임이 더 컸던 나는 이런저런 걱정을 늘어놓았고, 가만히 내 말을 듣던 동기는 내 말이 끝나자 한 마디 질문을 던졌다.

"그렇긴 한데, 한번 해본다고 손해 볼 건 없잖아?"

그 순간 일단 한번 해보자는 마음이 솟아나기 시작했다. 군대라는 낯선 집단에서 처음 하는 일이기에 당연히 어색하고, 두렵고, 창피할 수는 있지만 뭐 어떤가. 상을 받게 되면 당연히 좋은 것이고, 실패하더라도 군이라는 새로운 집단에서 살아가는데 필요한 경험을 쌓을 수 있을 것이라는 생각이 들었다.

두려움을 뒤로 하고 일단 시작하기로 했다. 바로 다른 선임 한 명을 설득해 총 3명이 발표를 준비하기 시작했고, 감사하게도 부대의 많은 간부님들께서 도움을 주셨다. 발표자료를 만들 수 있도록 컴퓨터를 한 대 내어주셨고, 대회 직전에는 대대장님을 포함한 대대 간부님들 앞에서 리허설을 할 수 있도록 기회를 만들어주시기도 했다.

    막상 발표 준비를 시작하고, 대회 그 자체에 집중을 하다 보니 걱정할 여유도 없었고, 그런 생각이 들지도 않았다. 일단 시작했으니 최선을 다하는 데에 집중하게 되었고, 그 결과 여단 대회에서 입상하여 2박 3일의 포상휴가까지 받을 수 있었다.

    이쯤에서 내가 타임머신을 타고 여러분들에게 전해주고 싶은 말을 정리해보자면, 바로 이 '일단 해보기'의 위력이다. 물론 '일단 해보자!'라는 말 한 마디로 망설임이라는 감정이 없어지는 것은 아니다. 분대장 훈련병을 하기로 결정했을 때, 발표대회를 준비하기로 마음 먹었을 때 모두 두렵고, 걱정되고, 부끄러운 감정이 사라지지는 않았다.

    하지만 그렇다고 항상 포기할 수는 없다.

    우리가 공부를 하려면 우선 공부하기 좋은 환경인 도서관이나 독서실에 가고, 운동을 하려면 운동을 할 수 있는 헬스장, 체육관, 운동장으로 가듯이 도전해보고 싶은 목표가 생기면 일단 그 목표에 집중할 수 있는 환경을 만들어야 한다. 그리고 망설임을 극복하고 도전하기 위한 최적의 환경을 만드는 방법은 바로 일단 자신을 그 도전에 내던지는 것이다.

목표에 도전하면서 그 목표를 달성하는 방법에 하나하나 익숙해지고, 처음에는 어렵게만 느껴졌던 과정들을 하나씩 밟아가다 보면 잘 몰라서 망설여지고, 무서웠던 감정들 하나하나에 신경 쓸 겨를 없이 목표를 향해 나아가게 되고, 결국 이루고자 했던 바를 달성할 수 있을 것이다.

첫 한 걸음은 언제나 두렵고, 제일 무거운 한 걸음이다. 하지만 그 한 걸음이 있어야 이후의 천 걸음, 만 걸음이 존재할 수 있다. 무언가 도전해보고 싶지만 망설여진다면, 그리고 그 망설임이 외부적인 요인이 아니라 그저 내 마음에서 비롯된 걸림돌이라면, 꼭 '일단 해보자!'라는 마음가짐으로 한 걸음 내딛어보길 바란다.

도움이 안 될 것 같은 일도 결국엔 도움이 된다

'*이거 해서 뭐하나…….*'라는 생각, 한 번이라도 해본 적이 있는가?

어른들 앞에서 입 밖으로 내뱉으면 별로 좋은 소리를 못 들을 것 같은 이 문장, 나는 수도 없이 내뱉어본 것 같다. 작은 일 하나를 하더라도 효율과 가성비를 따지는 요즘 세상에 이유를 찾는 것이 잘못된 일은 아니지 않은가? 이런 생각을 하게 될 때는 보통 하려 하는 행위가 자신에게 별로 도움이 안 될 것 같은 때 일 것이다. 내가 별로 하고 싶지 않은 일, 나와는 그다지 상관이 없을 것 같은 일, 별 소득이 없을 것 같은 일을 해야 할 때 기분이 별로인 건 어찌 보면 당연하기도 하다. 그리고 우리는 살면서 이런 상황을 수도 없이 마주친다. 학교에서 나한테 별 도움도 안되는 것 같은 과목을 공부하고 시험을 치러야 할 때, 집에서 놀지만 말고 뭐라도 하라는 부모님의 성화에 못 이겨 관심 없는 책을 집어 들고 읽을 때, 그리고 군대에 와서 제식, 사격, 화생방 등 밖에서의 삶과 전혀 관련 없는 것들을 배울 때 등등. 하지만 인생사 새옹지마라는 말이 있듯이, 막상 할 때는 별로 도움이 안 될 것 같은 일들이 나에게 도움이 되는 경우가 꽤 있다. 이번 이야기에서는 타임머신을 타고 전혀 생각지도 못했던 곳에서 도움이 되었던 일들을 소개해보려고 한다.

현재 육군 어학병으로서 군 복무를 하는 나는 입대 전에도 꾸준히 비슷한 류의 활동을 하곤 했었다. 직접적으로 회의에 참석해서 통역을 하는 등의 거창한 일은 하지 못했지만, 책이나 영상 등의 번역은 여러 번 해봤는데, 그중에서 번역팀에 소속되어 활동하면서 의도치 않게 스펙을 만들어 버린 이야기가 있다. 당시 나는 영국에서 대학생활을 하면서 한 유튜버의 영상을 즐겨 봤었고, 지구 반대편 타지에서 혼자 학교생활을 이어가던 나에게 활력소가 되어주었다. 그렇게 영상을 보다가 단순히 시청자로서 남는 것이 아니라 이 영상을 제작하고 많은 사람들에게 알리는 과정에 참여하고 싶다는 생각이 들었고, 마침 그 유튜버의 팬들이 자발적으로 영상 번역팀을 만들고 있다는 소식을 듣게 되었다. 이거야말로 나의 특기를 살리면서 도움이 될 수 있는 일이라는 생각이 들어 망설임 없이 참가 지원서를 쓰고 제출했다.

내가 합류했을 때 이 번역팀은 최초 결성 후 활동을 하다가 조금 더 체계적인 작업을 위해 인원을 재정비하고, 프로세스를 새로 개선하던 중이었다. 당시 나를 포함해서 영어 번역가는 5명도 되지 않았고, 본격적으로 팀을 확장하고 작업을 효율적으로 하기 위해 번역가뿐만 아니라 다른 역할을 가진 사람들을 영입해서 온라인 번역 플랫폼을 만들고 있었다.

이 온라인 번역 플랫폼을 통해 일반 팬들도 영상에 나오는 자막을 한국어로 타이핑하는 작업을 하거나 초벌 번역을 한 뒤 작업물을 업로드하는 방식으로 번역 프로세스에 참여하고, 나와 같이 소정의 테스트를 거쳐 팀에 합류한 번역가들이 감수 및 최종 번역본을 업로드하는 형식이었다. 또 그렇게 완성된 번역본을 자막 효과 담당자들이 유튜브 영상에 바로 적용 가능한 자막 파일로 만들고, 개발자들이 만든 기능을 통해 유튜버가 번역 플랫폼에서 클릭 한 번으로 영상에 자막을 입힐 수 있었다. 그리고 단순히 영상 자막 번역을 하려고 합류

했던 나는 어느새 이 플랫폼 운영진의 일원이 되어 있었다.

    개발자들이 사이트 기능을 하나둘 완성하고 사람들이 번역에 참여하게 되자 인원이 부족해지기 시작했다. 내가 속해 있던 영어 번역 팀도 확장의 필요성을 느꼈고, 나는 영어 검수팀 팀장이 되어 영어 번역가들의 채용 담당자가 되어 홍보 및 합류 테스트를 주관하게 되었다. 또 팀장으로서 각 번역가들이 고르게 번역을 진행할 수 있도록 영상을 할당하고, 개발진에 번역가로서 플랫폼에 필요한 기능들을 건의하는 등 기업에서 흔히 PM이라고 부르는 기획/관리자의 역할도 일부분 수행하기도 했다. 이런 역할을 하게 될 거라고 생각하지 못했고, 번역가로서 해야 할 일이라고 생각하지도 않았다. 하지만 이 경험이 나중에 나에게 도움이 될 수 있다는 사실도 당시에는 생각하지 못했다.

    시간이 흘러 휴학 후 한국에서 인턴 자리를 알아보다 서류전형에 합격하여 면접에 참석했을 때, 면접관들이 협업에 관한 질문을 던졌다. 개발자나 디자이너처럼 내가 익숙하지 않은 분야의 팀원들과 협업을 해야 할 경우가 많을 텐데 관련 경험이 있는지, 다른 사람들과 팀을 이루어서 프로젝트를 진행해본 경험이 있는지 알고 싶어 했다. 보통의 대학생이라면 학교 수업에서 팀 프로젝트를 했던 경험을 말하거나 학생회 혹은 동아리 활동을 하며 겪은 일들을 말 할 수도 있겠지만, 그 순간 번역 플랫폼에서 활동하며 겪었던 일들, 내가 의도치 않게 하게 되었던 일들이 머릿속을 스쳐 지나갔다.

면접관들에게 차분하게 번역가들의 번역 진행도를 관리했던 일, 개발진들에게 플랫폼 내에 업데이트했으면 하는 기능들을 전달했던 일, 번역가 채용을 관리했던 일 등을 설명하였고, 한 면접관이 관심을 보여 면접 중에 번역 플랫폼에 접속한 뒤 직접 살펴보기까지 하였다. 학교 수업 프로젝트, 동아리 등은 많은 사람들이 공통적으로 하는 경험이기 때문에 다른 면접자들도 충분히 비슷한 내용으로 답변할 수 있었겠지만 이런 활동은 나만이 했던 경험이라고 생각했기에 망설임 없이 이야기 할 수 있었고, 다른 지원자들과 비교해서 면접관들이 확실히 나를 기억할 수 있게 만들었던, 나만의 차별점이었다고 생각한다.

이 번역 플랫폼 이야기가 나에게 도움이 되었던 것은 확실하지만, 하기 싫은 일을 하도록 만들기에는 그다지 설득력이 없다고 느낄 수도 있다. 애초에 번역팀에 들어간 것 자체가 하고 싶은 일을 한 것이었다고 지적할 수도 있다. 이 찜찜함을 해결하기 위해 또 한 가지 사례를 들어보겠다. 그것도 하기 싫음의 끝판왕, 군대 이야기다.

육군 어학병에 지원 후 합격해서 훈련소까지 수료했던 날, 나는 드디어 이등병이 됐다는 뿌듯함과 함께 내가 앞으로 지내야 할 자대가 결정된다는 사실에 긴장하고 있었다. 입대 전 어학병으로 이미 군대를 다녀온 친구들은 대부분 연합사령부나 정보사령부, 특수전사령부와 같은 상급 부대에 배치를 받았기에 내심 기대했던 나는 자대배치 조회 사이트에서 생전 처음 들어보는 사단에 배치받았다는 사실에 약간 실망했다. 하지만 거기에서 끝이 아니었다.

사단 사령부에서 일하는 것도 나쁘지 않을 것이라 생각하며 기차를 타고 도착한 자대에서 나는 대대급 부대의 작전병이 되었다는 사실을 알게 되었다. 전역까지 얼마 남지 않았던 나의 전임자는 영어를 쓸 일이 1년에 한 번 내지 두 번밖에 없을 것이라고 알려줬고, 군대에 있더라도 영어실력을 유지할 수 있을 것이라고 생각했던 나는 절망했다. 내 예상과는 전혀 다른 군 생활을 하게 된 것이다.

그렇게 나는 매일 대대의 지휘통제실에서 부대 훈련 계획 및 운영 계획 초안 작성, 부대운영일지 작성과 같이 흔히 말하는 행정병 업무를 하게 되었다. 이와 더불어 작전과의 일원으로서 훈련용 작전계획 상황판 제작, 보고 자료 제작, 지형분석 프로그램 활용 등 부대의 훈련 혹은 전시 임무와 관련된 일들도 맡게 되었다.

전입 초반에는 전임자에게 인수받은 대로 간단한 단순반복 업무만 수행했지만, 점점 작전과 간부님들 업무를 도와드리면서 하나하나 하는 일이 많아지더니 여기저기서 찾는 사람도 많아지고, 쉬는 시간에도 방송으로 불려가는 사태가 벌어지기 시작했다. 하나둘씩 할 줄 아는 게 많아지니 더 많은 곳에서 나를 부르고, 더 많은 일을 하다 보니 더 할 줄 아는 게 많아지는, 일종의 순환구조가 생겨버린 것이다.

이때쯤 나는 '이거 해서 뭐하나…….'라는 생각이 머릿속에 스멀스멀 떠오르기 시작했다. 군대에서 일을 많이 한다고 밖에서 알아주는 것도 아니고, 쉬는 시간이 늘어나기는커녕 개인정비 시간에도 불려 나가고, 도무지 긍정적으로 바라볼 만한 요인이 보이지 않았다. 그러나 이 생각이 바뀌기 까지는 그렇게 오랜 시간이 걸리지 않았다.

평소와 다를 바 없이 지휘통제실에서 일과를 하고 있던 어느 날, 옆 중대의 중대장님께서 나를 찾아오셨다. 부대 훈련을 어떻게 하면 효율적으로 관리할 수 있을지 고민하시던 도중 엑셀을 활용해 부대원들 개개인마다 훈련 수준을 기록하고 시각화하는 프로그램을 만들고 계셨는데, 인터넷에 접속할 수 없는 군 내 인트라넷 컴퓨터에서 함수만을 활용하여 기능을 구현하려다 보니 어려움을 겪고 계셨던 것이다.

중대장님께서 보여주시는 파일을 찬찬히 뜯어보다가 도전의식이 생긴 나는 프로그램 완성에 도전해보기로 했다.

평소 부대 행정업무를 하며 익힌 엑셀 기능들과 업무 자료를 찾아보기 위해 들락날락 했던 인트라넷 게시판의 유사 프로그램들이 큰 도움이 되었다. 금요일 오후, 토요일, 그리고 일요일. 만약 내가 인수·인계받은 일만 했다면 절대로 들어갈 일이 없었을 인트라넷 게시판은 나의 나침반이 되어주었고, 부대 행정업무를 하며 마우스 없이도 충분히 작업을 할 수 있을 정도로 다져진 엑셀 실력은 나의 날개가 되어주었다. 3일 동안 개인 시간을 오롯이 투자 한끝에 프로그램이 완성되었고, 결과는 성공적이었다.

대대장님 앞에서 성공적인 시연을 마친 뒤 내 프로그램은 여단에 그해 대대의 창의적인 교육 훈련 방안 중 하나로 보고되었고, 나는 대대장님 표창과 함께 포상휴가 이틀을 얻을 수 있었다.

이런 뜻밖의 행복은 이것이 끝이 아니었다. 사단 공병대대까지 찾아가 간부들 사이의 유일한 용사로 참여했던 지형 분석 프로그램 교육은 어떤 도움이 되었는지 궁금한가? 훈련 때마다 배운 기능들을 썼을 뿐인데 어느새 '프로그램 잘 만지는 친구'가 되어 여단 훈련에 증원 요원으로 참가하고 3박 4일 휴가를 받았다.

용사가 굳이 숙지해야 할 필요가 없는 대대, 여단, 사단 작전계획을 일하다 보니 숙지하게 되고, 간부님들 일을 도왔던 경험들도 마찬가지였다. 정작과 간부님들과 가까워지고, 신뢰를 받는 것으로 시작해서, 대대 작전계획의 문제점을 발견하고 제안한 해결책들이 사단장님께 보고가 되어 표창으로 돌아왔다. 한·미 연합훈련 시 미 8군에 사단 연락반 통역병으로 파견되었을 때에는 숙지하고 있던 내용 덕분에 단순 통역뿐만 아니라 연락 장교들의 업무까지 보조할 수 있게 되면서 미 8군 부참모장님께 감사장까지 받고 돌아올 수 있었다.

만약 내가 나한테 도움이 될 것 같지 않다는 이유로, 하기 싫다는 이유로 한 발짝 더 나아가지 않았다면 이 모든 것이 가능했을까? 군대에 끌려왔으니 시키는 것만 하자는 비관적인 태도를 견지했다면 이런 이야기들을 여러분에게 해 줄 수 있었을까? 여러분들의 대답은 각자의 몫이지만, 적어도 나의 대답은 '아니오.'다. 그리고 이것이 바로 내가 타임머신을 타고 여러분에게 전해주고 싶은 말이기도 하다. 도움이 안 될 것 같은 일도 결국 도움이 된다는 것, 하찮게 생각했던 일도 나에게 큰 자산이 될 수 있다는 것, 현재의 내가 생각지도 못한 방법으로 미래의 나에게 도움을 줄 수 있다는 것.

물론 여러분들이 하는 모든 일들이 하나도 빠짐없이 나중에 도움으로 돌아오지는 않을 것이다. 하지만 이번 이야기를 기억한다면 언젠가는 여러분도 나와 같이 과거의 자신에게 고마움을 느낄 것이라고 자신한다.

그리고 그 과거의 여러분이 여러분들의 꿈을 이루는 데 한 발짝 내디딜 수 있는 디딤돌이 될 것이라 확신하며 이야기를 마친다.

피할 수 없다면 즐겨라

이수민

대학에 가지 않았지만 누구보다 꿈이 많고 매우 자유로운 영혼을 가져
죽기 전까지 하고 싶은 모든 것을 해보고 싶은 남자

자신감과 확신의 선순환

남자의 기억에 평생 남는 순간은 언제일까? 많은 순간이 있겠지만, 군 입대를 빼놓을 수는 없을 것이다. 나 역시 입대가 평생 기억에 남을 순간 중 하나다. 군대를 가고 싶어 하는 사람은 많지 않을 것이다. 나도 입대하며 울었던 기억이 있다. 정말 가기 싫었다. 하지만 이를 다른 시각에서 바라보면 좋겠다고 생각했다. 피할 수 없으면 즐기라는 말이 있듯이, 이왕 군대에 입대하는 거 하나라도 얻어 가면 좋지 않을까? 그래서 내가 군 생활을 하며 얻었던 것들을 이야기해보려고 한다.

먼저, 자신감에 관한 이야기다. 나는 사회에 있을 때 그저 평범한 사람이었다. 특별한 기술을 배운 것도 아니었고, 그냥 놀다가 입대했다. 특히 체력은 평범을 넘어 부족한 축에 속했다. 그래서 입대 전부터 걱정이 많았다. 체력이 좋지 않으면 군대에서 살아남기 힘들 것으로 생각했기 때문이다. 실제로 주변에서 입대 팁을 물어보면 나는 "운동을 하라."고 조언하곤 한다. 그만큼 군대에서는 체력이 정말 중요하다.

군대에서 체력 평가는 3km 뜀걸음, 윗몸 일으키기, 팔굽혀 펴기 이렇게 세 가지로 이루어진다. 평소 운동을 멀리했던 나는 3km 뜀걸음이 두려웠다. 하지만 입대 후 어쩔 수 없이 매일 뜀걸음을 하게 되었다. 처음에는 정말 고통스러웠다. 하기 싫고, 힘들기만 했다. 그런데 하루가 이틀이 되고, 일주일이 되고, 2주가 지나니 체력이 좋아지는 것이 느껴졌다. 그러면서 점점 더 열심히 하게 되었고, 비록 빠른 기록은 아니었지만 3km를 완주하는 경험을 하게 되었다. 이때 내가 처음으로 '자신감'을 느꼈다. '할 수 있을까?'라는 생각이 '하면 되는구나.'로 바뀌었다. 자신감이 곧 확신이 된 것이다. 그리고 이 마음가짐이 내 군 생활을 바꿨다.

한 번 성취감을 느껴보니 거짓말처럼 군 생활이 재미있어졌다. 살면서 느껴본 성취감 중 가장 짜릿했고, 더 열심히 해야겠다는 의욕이 생겼다. 예를 들어, 훈련소 막바지에 분대장 지원자를 모집했을 때 평소 같았으면 나서지 않았겠지만, 자신감이 붙은 나는 망설이지 않고 손을 들었다. 책임감이 크긴 했지만, '내가 해도 괜찮다.'라는 확신이 있었다. 결과적으로 분대장으로서의 경험은 나의 리더십과 태도를 크게 바꾸는 계기가 되었고, 교관에게 긍정적인 피드백도 받을 수 있었다. 또 하나의 변화는 인간관계에서 나타났다. 이전에는 낯가림이 심해서 말을 잘 걸지 못했지만, 자대에 배치된 후에는 동기나 후임들에게 먼저 다가가 대화를 시도했다. 특히 한 후임이 적응에 어려움을 겪었을 때 내가 먼저 다가가 이야기를 들어주고, 작은 조언을 해줬다. 그 후임은 나중에 "형 덕분에 버틸 수 있었다."라고 말했고, 그 말을 들은 순간 '나도 누군가에게 힘이 될 수 있구나.'라는 또 다른 자신감이 생겼다.

그렇다면 왜 자신감에 확신을 더하면 선순환이 일어날까? 자신의 행동에 확신이 없으면 행동력이 떨어지기 마련이다. '이 행동이 맞을까?'라는 생각이 들면 적극적으로 행동하기 어렵다. 소극적인 태도는 결국 자신감을 떨어뜨린다. 예를 들어, 내가 뜀걸음을 매일 해도 기록이 늘지 않아서 확신을 갖지 못했다고 가정해보자. 그렇다면 나는 매일같이 뜀걸음을 하지 않았을 것이고, 결국 3km 완주라는 결과를 얻지 못했을 것이다. 하지만 나는 '매일 뛰면 완주할 수 있을 것이다.'라는 확신을 가졌고, 그 확신을 바탕으로 노력하여 결국 목표를 달성했다. 이를 통해 자신감이 올라갔다. 이렇게 확신은 더 많은 도전을 하게 만드는 밑거름이 된다.

훈련소에서의 경험 덕분에 자대에 배치된 후에도 힘들어하는 동기나 후임이 있으면 나는 "자신감을 가져라."라고 이야기해 주곤 했다. 군대는 사회와 다르다. 길어야 18개월 함께할 사람들이고, 시간이 지나면 결국 헤어질 사람들이다. 그렇기에 이곳에서라도 자신감을 키우는 경험을 해보는 것이 중요하다.

내가 사용했던 방법을 예로 들어보겠다. 먼저, 사소한 목표를 세우는 것이다. 예를 들면 '아침 구보 완주하기', '책 한 권 완독하기' 같은 작은 목표를 설정하는 것이다. 만약 아침 구보를 완주하지 못하는 사람이라면 '한 바퀴라도 페이스를 맞춰 뛰어보기', 책을 잘 읽지 않는 사람이라면 '하루에 10페이지 이상 읽기'로 목표를 조정할 수도 있다. 그리고 중요한 것은 이 사소한 목표를 꾸준히 실천하는 것이다. 아무리 작은 목표라도 이루어내면 성취감이 느껴지고, 자연스럽게 자신감이 올라간다. 그리고 이를 바탕으로 목표 수치를 점점 늘려가는 것이다. 한 바퀴 뛰던 것을 두 바퀴로 늘리고, 하루 10페이지 읽던 것을 50페이지로 늘리는 식이다.

생각보다 간단하지 않은가? 많은 경험을 해본 것은 아니지만, 자신감은 사소한 부분에서 시작된다고 생각한다. 그리고 자신감이 올라가면 확신이 따라오게 되어 있다. 예를 들어, 평소 책을 멀리하던 A가 하루 10페이지를 읽는 목표를 세우고, 1주일 동안 하루도 빠짐없이 실천했다고 가정해보자. A가 목표를 하루 20페이지로 늘리려 할 때, 그의 마음가짐은 '할 수 있을까?'보다는 '할 수 있다.'에 가까울 것이다. 이미 1주일 동안 목표를 달성했고, 이를 통해 자신감을 얻었기 때문이다. '10페이지도 읽었는데 20페이지 못할 게 뭐야.'라는 생각을 하게 되는 것이다. 이처럼 작은 성공을 쌓아 가다 보면, 결국 한 달에 한 권 읽기를 목표로 하는 A를 볼 수도 있을 것이다.

자신감과 확신을 가진 사람은 더 많은 도전을 하게 된다. 그리고 도전이 성공하든 실패하든, 그 과정에서 값진 경험을 쌓을 수 있다. 이는 군대뿐만 아니라 사회에서도 큰 영향을 미칠 것이라고 확신한다.

소망목록

'소망 목록'이라는 말을 들어본 적이 있는가? 아마 대부분 한 번쯤은 들어봤을 것이다. 좀 더 익숙한 표현으로 바꾸자면, 바로 '버킷리스트'다.

입대 전, 나는 버킷리스트를 작성해 본 적이 없었다. 하지만 군대에 오면서 자연스럽게 새로운 경험들을 마주하게 되었다. 군대는 자유가 제한된 집단이다. 그런데 아이러니하게도, 나는 군대에서 가장 많은 '첫 경험'을 했다. 그중 하나가 바로 소망 목록을 작성하는 일이었다. 어느 날, 별다른 생각 없이 군 생활을 이어가던 중 문득 이런 의문이 들었다. '어떤 인생을 살아야 나중에 돌아보았을 때 후회하지 않고 잘 살았다고 느낄 수 있을까?' 그냥 지나칠 수도 있었던, 어쩌면 쓸데

없어 보일 수도 있는 생각이었다. 하지만 시간이 많은 군대에서 내 미래를 설계해보는 것도 나쁘지 않다고 생각했다.

나는 노트 한 권을 구해 표지에 '소망 목록'이라는 제목을 적고, 무작정 목표를 적어나가기 시작했다. 적다 보니 알게 되었다. 내가 생각보다 꿈이 많은 사람이라는 사실을. '사회에 나가면 무엇을 해야 하지?'라는 막연한 걱정은, 내가 써 내려간 소망들로 인해 조금씩 희석되었다. 지루하게 느껴졌던 군 생활의 시간은 오히려 미래를 준비할 수 있는 소중한 기회로 바뀌었다.

나는 '버킷리스트' 대신 '소망 목록'이라는 표현을 택했다. '버킷리스트'라는 말이 왠지 진부하게 느껴졌다. 우리말로 순화된 '소망 목록'이 더 따뜻하고 마음에 들었다.

소망 목록을 작성하는 일은 생각보다 많은 장점을 준다. 내가 처음 소망 목록을 작성한 건 상병 1호봉 때였다. 군 생활의 절반쯤을 지나던 시점이었고, 동기부여가 절실히 필요했다. 목록을 적어나가면서 자연스럽게 목표가 생겼고, 그로 인해 동기부여도 따라왔다. 그 덕분에 조금 더 보람찬 군 생활을 보낼 수 있었다.

소망 목록을 작성할 때, 나만의 작은 팁 같은 방법이 있다. 처음에는 간단한 목표부터 시작하는 것이다. 예를 들어 '책 n권 읽기'와 같은 목표로 시작해보자. 이후에는 '향수에 관련된 책 읽기', '경제 공부 서적 읽기'처럼 관심 분야로 확장시킬 수 있다.

소망 목록이 어렵게 느껴진다면, 일단 작은 목표 하나부터 정하고 실행해보자. 그렇게 하다 보면 자연스럽게 다음 목표도 떠오르고, 점점 목록이 채워지기 시작한다.

소망 목록은 성취감과 행복감을 준다. 예를 들어, 내가 작성한 목록 중에는 '향수 전문가처럼 공부해보기'라는 목표가 있었다. 관련 도서를 구입해 점심시간이나 연등 시간에 틈틈이 공부했고, 훈련만 없으면 빠짐없이 실천했다. 그 과정에서 예상보다 큰 성취감을 느낄 수 있었다. 정리한 노트를 들춰보며 느낀 뿌듯함과 작은 행복, 그것만으로도 충분히 가치 있었다.

내가 군대에서 소망 목록 작성을 추천하는 이유는 단순하다. 단조로운 군 생활 속에서도 목표가 생기기 때문이다. 그저 빨리 지나가기만을 바라던 시간이, 나에게는 미래를 준비하는 소중한 시간으로 변했다.

어른들은 종종 이렇게 말한다.
"일할 때 행복해야 한다."
나도 그 말에 동의한다. 좋아하는 일을 해야 직업에 대한 자부심도 생기고, 번아웃이 와도 더 잘 극복할 수 있을 것이다. 하지만 안타깝게도, 어른들은 그 방법을 알려주지 않는다. 결국 우리는 스스로 공부하고 직접 길을 찾아야 한다. 학교 공부만으로도 벅찰 수 있지만, 군대는 내 꿈을 늦지 않게 찾을 수 있는 마지막 기회일지도 모른다. 그래서 나는 소망 목록에 '인생의 목표'를 적기 시작했다.

나는 꿈보다 인생의 목표가 먼저라고 생각한다. '인생의 목표'라는 말이 거창하게 들릴 수도 있다. 하지만 내가 말하는 목표란, 나중에 인생을 돌아봤을 때 후회가 최대한 적게 남도록 살기 위한 기준이다.

이런 목표를 먼저 정해야 내가 진짜로 원하는 것이 무엇인지 알 수 있다. 그러면 자연스럽게 꿈도 보이기 시작한다. 군대에서 이 정도만 해낼 수 있다면, 정말 의미 있는 군 생활을 보낸 것이라고 나는 믿는다.

내 소망 목록은 아직 완성되지 않았다. 생각나는 것이 있으면 일단 적어보고, 계속해서 스스로에게 질문을 던진다.

"왜 하고 싶은가?"

만약 명확한 답이 나오지 않으면, 그 항목은 과감히 지우기도 한다. 소망 목록에는 단순히 하고 싶은 일이나 사고 싶은 것뿐만 아니라, 인생의 목표나 다짐도 포함될 수 있다고 생각한다.

나는 인생의 목표가 없는 사람들에게 소망 목록 작성을 자주 추천한다. 사람들은 때때로 목표 없이 살아가는 사람들을 손가락질하지만, 나는 그런 사람들을 진심으로 응원하고 싶다. 그들은 아직 원하는 것과 좋아하는 것을 찾지 못했을 뿐이다. 군인뿐만 아니라, 자신이 진짜 좋아하는 것을 찾으려 애쓰는 사람들을 보면 나는 그들이 정말 빛나 보인다. 그 노력이야말로 백조처럼 우아하고 아름답다. 아직 목표를 정하지 못한 사람들에게 군대는 분명 최고의 터닝 포인트가 될 수 있다고, 나는 확신한다.

사고의 전환

2024년 중반쯤 '원영적 사고'라는 말이 SNS와 커뮤니티를 중심으로 유행한 적이 있다. 처음엔 단순한 밈처럼 보였지만, 시간이 지날수록 이 표현이 가진 힘을 알게 되었다. '원영적 사고'는 내가 정말 좋아하는 여자 아이돌 그룹 아이브(IVE)의 장원영 님이 유행시킨, 일명 '럭키비키'에서 비롯된 사고방식이다.

장원영 님은 한 방송이나 팬미팅 등에서 본인의 긍정적인 마인드를 자주 드러냈는데, 그중 가장 유명한 에피소드가 바로 '빵집에서의 일'이다. 예를 들어보자.

유명한 빵집에 갔는데 빵이 다 팔렸다. 보통은 '아, 기다려야 하네. 짜증 난다.'라는 부정적인 반응이 나올 것이다. 하지만 장원영 님은 오히려 이렇게 말한다.

"새로 나온 따끈따끈한 빵을 받을 수 있잖아?"

이 짧은 말이 사람들에게 큰 울림을 주었다. 단순히 낙관적이라는 차원을 넘어, 상황을 받아들이는 태도 자체가 다르다는 느낌이 들었기 때문이다.

처음에는 나도 그냥 가볍게 웃고 넘겼지만, 시간이 지날수록 이 사고방식이 꽤 괜찮은 인생 태도라는 생각이 들었다. 그러면서 문득, '이게 군대에서도 통할 수 있지 않을까?'라는 생각이 스쳤다. 얼핏 상관없어 보일지 몰라도, 지금부터 내가 하려는 이야기를 듣다 보면 고개를 끄덕이게 될지도 모른다.

우리 모두 군대에 가고 싶지 않았다. 이런 상황에서 긍정적인 마음가짐을 유지하기란 쉽지 않다. 나 역시 군대를 정말 싫어했다. 그러나 이왕 가야 할 군대라면 열심히 해보자는 생각을 하게 되었다. 좋든 싫든 군대에 가야 한다는 사실은 변하지 않기 때문에, 계속 부정적인 생각에 갇히는 것은 좋지 않다고 느꼈다.

군대에서는 첫 단추가 중요하다. 한 번 나쁜 인상이 남으면 그것을 바꾸기 어렵기 때문이다. 전입 초기부터 '하기 싫다.'거나 '왜 내가 이걸 해야 하지?'라는 마음가짐을 가지면 간부들과 선임들에게 좋은 평가를 받기 힘들다. 그들은 이미 그런 훈련과 작업을 많이 경험한 사람들이기 때문이다.

군대에서의 훈련이나 작업은 '왜 하는 걸까?'라는 생각을 하게 만들 수 있다. 사회와는 180도 다른 행동이기 때문이다. 그러나 나는 '왜?'라는 질문을 없애기로 했다. 하기 싫어도 그냥 했다. 이러한 사고방식의 변화가 놀랍게도 나를 편하게 만들었다. 선임들도 나를 좋아해 주었고, 스스로도 '이런 걸 언제 해보겠어?'라고 생각하며 군 생활을 하다 보니 훈련도 재밌어지고 무엇이든 열심히 하는 사람이 되었다.

부정적인 생각에서 긍정적인 생각으로의 전환은 쉽지 않은 일이다. 특히 군대에서는 더더욱 그렇다. 나는 친구들보다 군대에 비교적 빠른 시기에 입대하였다. 내가 훈련소에 있을 때 친구들은 여행을 다니고 놀고 있었다. 나는 12월 18일에 입대하여 훈련소에서 크리스마스와 새해를 맞이 했다.

입대 첫 주가 지나고 주말에 핸드폰을 받았을 때의 일이다. SNS에서 친구들이 여행한 사진을 보는 순간 정말 힘들었다. '입대를 좀 더 미룰 걸 그랬나?'라는 생각이 머릿속에서 떠나지 않았다. 그래서 2주 차 중반까지 힘들었고, 결국 깨달았다. 아무리 이런 생각을 해도 내 군 생활이 달라지지 않는다는 것을 말이다. 그래서 '내가 먼저 전역해서 여행을 다니자.'라는 긍정적인 마음가짐을 가지게 되었다. 그러다 보니 스스로도 자랑스러워졌고, 더욱 열심히 하게 되었다. 그렇게 하다 보니 시간이 빨리 지나갔다.

위의 글을 읽는 이들이 '원영적 사고는 아이돌이니까 보여주기 위한 것 아닐까? 과연 실제로 도움이 될까?'라는 의문을 가질 수도 있다. 아이돌이라는 특성상 방송용 태도일 수 있다. 그러나 내가 장원영 님의 팬인 이유는 그녀의 멘탈과 행동에서 평소에도 긍정적인 사고가 느껴지기 때문이다. 내가 팬이 된 이유도 그녀가 나와 비슷한 또래임에도 불구하고 매우 성숙하다는 생각이 들기 때문이다. 군 생활의 의미에 대해 의문을 가지고 있는 사람이라면 이 글을 읽고 조금이라도 위안을 받기를 바라며, 이런 간단한 방법으로도 긍정적인 마인드를 가질 수 있다는 것을 알면 좋겠다. 나 또한 입대 초기에 무척 힘들었고, 모든 사람들이 그 과정을 겪었을 것이다. 부정적인 생각으로 군 생활을 하게 되면 시간마저 안 가기 마련이다.

항상 긍정적인 사고를 유지하라고는 말할 수 없다. 불가피하게 짜증 나는 상황이 찾아오는 경우가 있을 것이기 때문이다. 그런 순간에는 짜증을 내는 것도 방법이라고 생각한다. 내가 말하는 것은 군 생활의 큰 틀을 보자는 것이다. 어떤 이는 군대에서 운동을 시작하고, 어떤 이는 공부를 하거나 사회생활을 배우며, 어떤 이는 자격증을 취득하는 등 각자의 방식으로 성장할 것이다. 군 생활 자체의 관점을 다르게 가져보자는 것이다. 이런 작은 차이가 나중에 군 생활을 돌아보았을 때 큰 차이를 만들어줄 것이다.

어느새 나는 군대라는 낯선 환경 속에서 스스로를 더 잘 이해하게 되었고 내면이 강해진 느낌을 받았다. 어쩌면 우리가 겪는 힘든 상황은 새로운 시선으로 바라보라는 신호일지도 모른다. '원영적 사고'처럼 사소한 태도의 전환이 인생의 방향까지 바꿔줄 수 있다면, 그건 단순한 유행어를 넘어 하나의 삶의 방식이 될 수 있지 않을까?

　군 생활은 단순히 시간을 흘려보내는 곳이 아니다. 자기 자신을 성장시키는 진정한 시간이 될 수 있다. 결국 모든 것은 내 상황을 어떻게 바라보고, 어떤 시선으로 하루하루를 대하느냐에 달려 있다. 이 글을 읽는 당신도 오늘부터 자신만의 '긍정적 사고'를 실천해보기를 바란다.

세상에 나쁜 리더는 없다

군대에 입대한 후 내가 가장 많이 배운 것은 '리더'에 대한 것이었다. 훈련소에서는 분대장 훈련병을 맡았고, 자대에 와서는 용사 분대장 임무를 수행했다. 처음에는 '분대장이 무슨 리더야?'라고 생각했다. 10여 명을 관리하는 게 대수냐고 쉽게 여겼다. 하지만 실제로 해 보니 생각했던 것 이상으로 많은 것들을 배울 수 있었다.

나는 학창시절 반장 한번 해 본 적 없는 평범한 학생이었다. 그런 내가 훈련소에서 분대장 훈련병에 자원했다. 분대장 훈련병은 타 훈련병들보다 먼저 배워야 했고, 배운 내용을 전파하고 청소구역을 관리하는 등 다양한 역할을 맡았다. 처음에는 걱정이 앞섰다. '내가 잘못 배워서 알려주면 어쩌지?' 하는 두려움 때문이었다. 하지만 그보다 더 중요한 문제를 깨달았다. 나는 책임감이 부족했다. 걱정을 하면서도 더 집중해서 배울 생각보다는 어떻게 변명할지부터 고민하는 나를 발견했기 때문이다.

첫 번째로 분대원들에게 알려준 것은 총기 멜빵을 메는 방법이었다. 다행히 큰 실수 없이 잘 전달했다. 그날 이후, 나는 마음을 고쳐먹기로 했다. 그냥 열심히 하자, 틀리면 내가 혼나면 된다는 생각이었다. 책임감을 갖고 나니 마음이 편해졌다. 분대원들도 나를 믿고 따라오기 시작했다. 나 역시 점점 더 열정을 갖게 되었다.

하지만 순탄치만은 않았다. 훈련소에서는 훈련을 잘 따라오지 못하는 분대원이 있었다. 나는 열심히 가르치려 했고, 그 분대원도 최선을 다하고 있었다. 어느 순간부터 나는 그가 일부러 대충하는 게 아닐까 의심하기 시작했다. 답답함과 짜증이 쌓여 결국 화를 내고 말았다. 세 번이나 설명했는데 또 못 한다고 하니 참을 수 없었던 것이다. 결국 그날 우리는 심한 언쟁을 벌였고 취침 시간이 되어 억지로 갈등을 멈췄다.

침대에 누워 곰곰이 생각했다. '내가 이런 걸로 화를 내는 게 과연 리더로서 맞는 걸까?' 리더는 감정적으로 행동하는 사람이 아니라, 차분히 이끌어주는 사람이어야 했다. 분대원은 자신의 한계 안에서 최선을 다하고 있었는데, 나는 그 노력을 폄하하고 있었다. 너무 미안한 마음에 다음 날 점호가 끝나자마자 사과했다. 진심을 담아 이야기하니 그도 본인의 어려움을 털어놓았다. 몸이 따라주지 않아 본인도 답답하고 스트레스가 심했다고 했다. 그때 깨달았다. 리더에게 가장 필요한 것은 소통이며, 리더는 감정적으로 흔들려서는 안 된다는 사실을.

자대에 와서도 배운 점이 많았다. 후임이라고 해서 항상 가르치기만 하는 입장이 되어서는 안 된다는 것을 알았다. 영국에서 대학을 다니다 온 후임, 고려대학교를 다니다 온 후임, 축구 선수 출신 후임 등 다양한 배경을 가진 사람들이 함께 생활했다. 나는 그들로부터 정말 많은 것을 배웠다. 선임이라고 해서 우위를 가진다고 생각하는 것은 잘못된 일이다. 후임에게서도 배울 것이 있다면 자세를 낮추고 배우는 것이 옳다. 그렇게 할 때 얻을 수 있는 것들이 훨씬 많았다.

물론 갈등도 있었다. 나는 고집이 센 편이라 의견 충돌이 잦았다. 감정이 상하는 상황이 생기면 답답하고 숨이 막히는 느낌이 들었다. 그래서 갈등이 생기면 빨리 풀고 싶은 마음이 컸다. 처음에는 갈등이 생기면 후임이 먼저 다가오는 게 맞는

다고 생각했다. 그러나 시간이 지나면서 생각이 바뀌었다. 선임이 먼저 다가가야 한다고 느꼈다. 후임 입장에서 선임에게 먼저 말을 건네는 것은 쉬운 일이 아니기 때문이다.

나는 갈등이 생기면 음료수 하나 건네며 이렇게 말했다.

"OO아, 내가 이런 부분에서 이해가 안 가서 화를 좀 냈던 것 같아. 감정적으로 나간 부분은 미안해. 하지만 아직도 그 부분은 잘 이해가 안 되니까 한 번 더 설명해줄래?"

내가 먼저 사과하고 차분히 설명하면, 후임도 마음을 열 수밖에 없었다. 군대라는 특성상 선임이 강압적으로 나가려고 하면 얼마든지 그렇게 할 수 있다. 하지만 갈등은 대부분 오해에서 비롯된다고 생각했기에, 나는 먼저 생각하고 다가가는 쪽을 택했다.

군대에서 겪은 이 모든 경험은 사회에서도 충분히 적용할 수 있다고 생각한다. 리더도 처음에는 미숙할 수밖에 없다. 나는 10여 명의 분대원만 이끄는 것도 힘들었다. 수십, 수백 명을 이끄는 리더들의 무게는 감히 상상할 수도 없다. 그래서 나는 이렇게 믿게 되었다. 세상에 나쁜 리더는 없다. 다만 미숙한 리더가 있을 뿐이다. 리더를 마냥 비판하기보다, 리더의 입장에서 한 번쯤 생각해보는 것도 필요하다. 그리고 리더

스스로도 비판을 들었다면, 다시 한 번 자신의 모습을 돌아볼 수 있어야 한다. 그래야 집단을 조금 더 수월하게 이끌 수 있을 것이다.

사람마다 상상하는 이상적인 리더의 모습은 다를 것이다. 나는 군대에 와서 생활을 하며 '내가 나중에 리더가 된다면?'이라는 질문을 본인에게 던져보았으면 좋겠다. 본인의 상상으로 이상적인 리더를 만들고 이를 이행해보는 것은 최고의 경험이라고 장담할 수 있다.

피할 수 없다면 즐기자

앞의 네 가지 챕터를 읽고 나면, 아마 이런 생각이 들 수도 있다.

'그래서 하고 싶은 말이 뭔데?'

내가 전하고 싶은 건 단순하다. 군대에서의 시간을 절대 허투루 보내지 말자는 것이다.

내가 겪은 네 가지 경험을 바탕으로 군대라는 공간에서 무엇을 얻을 수 있는지를 나누고 싶었다. 그리고 바라건대, 이 글을 읽는 누군가도 그저 18개월, 혹은 20~21개월이라는 시간을 아무 의미 없이 흘려보내지 않았으면 한다.

솔직히 나도 군대에 가기 싫었다. 그리고 지금도 여전히 전역하고 싶다는 생각을 매일 한다. 하지만 이 글을 쓰면서, 스스로도 알게 되었다. 내가 생각했던 것보다 군대에서 얻은 것이 많았다는 사실을. 그래서 말하고 싶다. 이 시간을 그냥 버리지 말자고.

인생 전체를 놓고 보면, 군 생활은 정말 짧은 시간일지도 모른다. 하지만 이토록 순수하게 자기계발에만 집중할 수 있는 시간이 또 있을까? 사회에 나가면 다들 바쁘다. 대학 과제, 취업 준비, 아르바이트, 인간관계……. 쉴 틈 없이 돌아간다.

하지만 군대에서는 비교적 마음 편히 나를 위한 공부, 훈련, 성장을 할 수 있다. 나는 그래서 이 시간을 소중히 써야 한다고 생각했다.

군대는 특이한 공간이다. 상급자가 있고, 규율이 있고, 명확한 체계가 있다. 그러다 보니 사회에서는 쉽게 배울 수 없는 것들을 이곳에서는 자연스럽게 배우게 된다. 하기 싫어도 해야 하는 것들, 공동체 안에서의 태도와 배려, 무거운 것을 쉽게 드는 요령까지. 이런 것들은 실전에서만, 그리고 몸으로 부딪히며 배울 수 있는 것들이다. 그래서 나는 자원해서 여러 작업도 직접 해보는 등 최대한 많이 경험하려고 노력했다.

사람들은 말한다.

"군 생활 너무 열심히 하지 마. 절반만 해."

이 말에도 분명 일리는 있다. 열정만 앞서다 보면 몸을 다칠 수도 있고, 무리하게 될 수도 있다. 요즘엔 이 말을 '대충 해도 된다.'라는 뜻으로 받아들이는 사람들이 많은 것 같아 안타깝다. 절반만 하라는 건 무리하지 말라는 뜻이지, 아무렇게나 하라는 말은 아니다. 열심히 해야 할 때는 열심히 해야 한다. 나는 그 시기를 놓치지 않으려 애썼고 그 시간들이 오히려 더 빠르게 지나간 것 같다.

결국 내가 하고 싶은 말은 피할 수 없다면 즐기라는 것이다. 대한민국의 20대 남성이라면 누구나 언젠가는 군대를 가야만 한다. 나도 군대에 가기 싫었고, 처음에는 군대에서의 시간이 너무 아까웠다. 하지만 어차피 가야만 하는 곳이라면 의미 없이 시간만 흘려보내는 건 정말 아까운 일이다. 어떻게든 시간을 나에게 도움이 되는 방향으로 활용해야 한다.

실제로 지인 중에는 군대에서 열심히 공부해서 재수에 성공한 사람도 있다. 자격증을 취득해서 취업에 성공한 사람도 있다. '시간은 금이다'라는 말이 괜히 있는 게 아니다. 나 역시 군대에서 책을 읽기 시작했고, 지금은 이렇게 글을 써보고 있다. 글을 잘 쓰는 편은 아니지만 이 경험은 내게 정말 소중하고도 특별한 시간이다. 평생 잊지 못할 경험이 될 것이다.

나중에 돌아봤을 때, '아, 내가 군대에서 이런 걸 배웠었지.'라고 말할 수 있다면, 그것이 잘한 군 생활이라는 것이라고. 크든 작든, 무엇이든. 내가 느끼고 배운 것이 있다면 그 시간은 분명 가치 있었다고 생각한다.

물론 많은 사람들이 공감하지 못할 수도 있다. 이건 어디까지나 내가 군 생활을 하며 느끼고 배운 것들을 적은 글이니까. 하지만 나는 내 사례를 통해 '이런 것도 배울 수 있다.'라는 걸 보여주고 싶었다. 꼭 대단한 걸 배우지 않아도 괜찮다. 사소한 것일지라도 내가 뭔가를 느끼고 긍정적으로 바뀌었다면, 그 자체로 충분히 의미 있는 시간이다.

처음은 누구나 어색하다. 운동을 해오던 사람이 아니라면 집단생활에 익숙하지 않을 것이다. 성격도, 가치관도 다른 남자들이 한 공간에서 생활해야 하니까. 하지만 그 어색함을 잘 풀어, 나에게 득이 되는 시간으로 바꾼다면 분명 값진 경험이 된다.

이 글을 쓰는 지금, 나는 전역일이 약 50일 남은 병장이다.

돌이켜보면 생각보다 많은 걸 배웠다고 느낀다. 처음엔 제대로 못 하고 있는 것 같아 자책도 했지만 지금은 잘해왔노라 자부할 수 있다. 후회는 없다. 지금 내가 이렇게 생각하듯, 다른 사람들도 끌려온 이 시간 속에서 뭐라도 하나 얻어갔으면 좋겠다.

다양한 사람들과 대화를 해보고, 책을 읽고, 공부를 하고, 최대한 많은 경험을 해봤으면 한다. 이것이야말로 군대만이 줄 수 있는 가장 큰 장점이라고 생각한다. 군대이기 때문에 가능한 것들. 내가 지금까지 써온 5가지 주제를 통해 결국 하고 싶었던 말은 바로 이것이다.

"아까운 20대의 시간을 허투루 버리지 말고, 할 수 있는 최대한으로 쪼개서 써라."

성격도, 살아온 방식도 가지각색인 사람들이 모인 집단. 인생을 살면서 다시는 경험하지 못할 순간들. 가끔은 다투기도 하겠지만, 그 모든 순간들이 결국엔 기억에 남는다. 나를 단단하게 만들어줄 것이다. 나는 그렇게 믿는다. 이 믿음을 바탕으로, 여러분에게 한 가지 권하고 싶다. 군대라는 공간을 무의미한 시간이 아닌, 단 한 번뿐인 성장의 기회로 만들어보자. 언젠가 전역을 앞두고 지금의 나처럼 돌아보았을 때, '그래도 그 시간, 참 잘 보냈다.'라는 말을 할 수 있기를. 이 정도면 충분하지 않을까?

마지막으로 20대 청춘에 나라를 위해 군 생활을 하고 있는 장병들 혹은 이미 전역한 전역자들 모두에게 존경심을 표하며 이 글을 마친다.

"누구보다 평범하게 살아온 사람.
그 사람이 전해주는 평범하지 않은 이야기를 이 책에 담았다."

3장
입대하기 전 꼭 읽어야 할 글

김재훈

모집으로 입대하라

나 김재훈의 경험을 통해 당신에게 도움이 되었으면 하며 적어본다.

군대 입대 전 이 글을 보셨다면, 당신은 정말 운이 좋은 사람이다.

육군은 기본적으로 징집과 모집이 있다.

모집은 수많은 병과 중 자신의 특기에 맞는 병과를 골라서 선택해 갈 수 있다. 군대에는 수많은 병과가 있다. 보병, 포병, 수송, 통신, 군사경찰 등이 있다. 이 글을 읽고 있다면 감이 오는가? 당연히 모집으로 지원하라는 이야기이다.

생각해보자. 징집으로 입대하면 수많은 병과 중 모집병들이 상대적으로 편한 보직을 고르고 난 후 남은 보직에 배정받게 될 게 뻔하다.

보병 안에서도 박격포병. 그리고 듣기만 해도 힘들어 보이는 포병. 누가 이걸 골라서 갈까? 징집으로 입대했을 경우에는 박격포 또는 포병이라고 생각하면 편하다.

이렇게 얘기하는 나는 정작 징집으로 입대했다.
나의 이야기를 하자면 나는 대학교 1학년을 마치고 다음 해 1월부터 4월까지 쭉 쉬다가 동기들하고 술 한잔하면서 이런 생각을 했다.

'아, 우리 슬슬 군대 가야 하는데 어떻게 하지?'

'군사경찰이란 병과에 대해 들어봤는데 한번 신청해 볼까?'라는 생각이 들었다. 마침 병무청 사이트에 접속해 보니 6월 입대 군사경찰병 마감 하루 전날이었다.

'아! 이거다.'

친구 4명이 모여 우르르 군사경찰에 지원했다. 막차에 탄

기분이었고, 벌써 합격한 듯한 기분이었다.

그러나 현실은 그게 아니었다. 나는 코로나 시절 고등학생이었고 그 시절엔 EBS 온라인 교육을 제때 듣지 않으면 결석이 되는 구조였다. 놀기에 바빠 온라인 출석 체크에 소홀했던 나는 생각보다 결석이 많았다. 수시를 포기하고 정시를 선택한 나에겐 별로 중요하지 않은 고등학교 출석 점수였지만, 군대에선 고등학교 생활기록부가 포함되었다.

기본점수 40점(만점 50점)에서 다자녀 '+2점'을 받았으나 출석으로 '-4점'을 받았다. 나는 헌혈, 봉사 점수 등을 알아보지 않았기에 추가 점수 없이 38점이 되었다. 커트라인 40점을 넘기지 못하고 1차 서류에서 떨어진다.

'군대가 뭐 별거 있겠어?'라는 생각으로 2024년 6월 3일 논산훈련소로 입대하게 된다. 힘든 훈련을 마치고 나니 내가 받은 보직은 박격포병이었다. 이때부터 난 생각했다.

'아, 모든 것이 꼬였다.'

처음엔 받아들이기 힘들었다. 아쉬운 마음이 가득 찼다.

'아, 그때 이렇게 할걸. 조금 더 신중해 볼걸.'

하지만 되돌릴 수 없는 사실이었다. 그래 맞다. 꼬인 걸 풀기보단 다음 매듭을 잘 지어보자는 생각이 들었다. 난 이제 시작이니까!

후회 없이 여행하는 법

여행을 떠나는 마음과 여행에서 돌아오는 마음은 너무나도 상반된다. 여행을 떠날 때는 즐거움이 가득하지만, 여행에서 돌아올 때는 아쉬운 마음이 가득하다. 이유가 뭘까? 바로, 마음가짐의 차이다.

궤변 같지만 여행을 떠난다는 행위를 고향에 간다 생각하고, 여행에서 돌아온다는 행위를 여행을 간다고 생각해보아라. 예를 들자면 아래와 같다.

여행과 고향의 의미를 바꾸어 생각해보자.
내가 미국으로 여행을 간다면, 그곳은 나의 고향이라고 상상해본다. 반대로, 지금 내가 살고 있는 한국은 여행지라고 가정해보자.

그러면 미국으로 떠나는 나의 여정은 고향으로 돌아가는 길이 되고, 미국에서 다시 한국으로 돌아오는 길은 낯선 곳으로 떠나는 또 한 번의 여행이 되는 셈이다.

그러면 미국을 간다(고향에 간다)는 설렘을 유지할 수 있다. 그럼 여행에서 돌아온다(한국으로 여행을 간다)는 오히려 내가 고향에서 다시 여행을 간단 생각 덕분에 아쉬움이 줄어들 수 있다는 것이다. 마음가짐의 차이라는 말이 무엇인지 알겠는가?

마음가짐에 중요성에 대한 예시를 하나 더 들어보자.

나는 공부하는걸 정말 싫어한다. 그래도 전역하기 전에 배워 가는 게 하나 있으면 좋겠다는 생각에 일본어 공부를 시작했다. 처음에는 정말 하기 싫어서 금방 그만뒀다. 그러다가 어떻게 하면 재밌게 공부할 수 있을까에 대해 고민했다.

'나는 일본인들과 소통하기 위해 공부한다.'라고 마음가짐을 먹었다. 그렇게 스스로에게 가스라이팅을 했고, 공부의 효율은 올라갔다. 이렇게 나의 마음을 고쳐먹고 나니 세상이 다르게 보인다. 뻔한 이야기지만 좋게 마음 먹으면 안 되는 일이 없다.

이 모든 마음가짐은 자기 수용에서부터 시작된다고 생각

한다. 즉, 자신을 있는 그대로 받아들이는 것부터 건강한 마음가짐은 곧 목적성과 연관된다.

이렇게 목적성을 갖추고 그에 맞게 마음 가짐을 설정하면 그에 맞는 효율적인 결과 값이 나올 것이다.

두 번째, 후회 없는 여행을 하려면 여유가 있어야 한다. 자금적 여유도 중요하지만 사람 자체의 여유가 중요하다는 것이다.

내 사회에서의 경험을 통해 말해보겠다.

A라는 인물은 항상 조급하게 행동해서 덜렁거리고 놓치는 것도 많았기에 결과적으로 오히려 시간이 더 오래 걸리고 주변에 있는 사람마저 조급하게 만들어 버린다.

반면, B라는 인물은 항상 여유롭다. 어떤 상황에서든 객관적인 판단이 가능하고, 말에 신뢰성이 있다. 말과 행동이 일관적이고 안정적이니 모두가 따를 수 밖에 없다. 그때 나는 여유로운 사람이 되어야겠다고 느꼈다.

내가 생각해 본 여유로운 사람이 되는 방법은 시간적 여유를 만드는 것이다. 시간적 여유를 만드는 것은 일정 자체를 여유롭게 한다는 것이다. 모든 상황에서 정확하게 맞추어 계획을 하기 보다는 큰 틀에서 자유롭게 움직인다는 뜻이다.

여행에 적용해보면 계획을 세울 때는 항상 큰 틀에서 움직이는 게 좋다. 요즘에 MBTI 성향에서 J가 강한 사람들은 세부 일정까지 10분 단위로 계획을 한다. 이런 사람들이 시간에 쫓기면서 제대로 된 여행을 즐길 수 있을까? 여유를 함양한 시선으로 여행지를 바라 볼 수 있을까? 여유를 갖기 위해 짜게 된 계획이 반대로 조급하게 만들어 버린다는 걸 알아야 한다.

여기까지 읽었다면 단순히 후회 없는 여행만을 위해 쓴 글이 아니라는 걸 느끼게 된다.

군대는 시간이 지나면 계급이 올라가고, 계급이 올라가면 자연스럽게 리더가 된다. 당신이 리더가 되었을 때는 글의 핵심인 여유와 목적성이 중요하다. 쫓기는 사람이 아닌 쫓아오게 만드는 사람이 되어보자.

자, 이제 군대로 여행을 떠나볼까?

반복되는 일상에서의 즐거움

*나의 20대*는 두 단어로 요약할 수 있을 것 같다. 바로 재수와 군대다. 이 둘은 서로 다른 시간에 벌어진 사건들이지만 공통점이 있다. 바로 반복되는 일상이다. 같은 시간에 일어나고, 같은 일은 반복하고, 같은 시간에 잠든다.

재수생의 일과는 어떠한가? 같은 시간에 기상해서 밥을 먹고 학원으로 출근한다.

'학원 → 공부 → 점심 → 공부 → 저녁 → 공부 → 집'

이 과정이 무한 반복이다. 상상만 해도 지루하지 않은가? 사실 재수는 지루한 게 당연하다. 그래도 사람이 살아가는 세상인데 그 속에서 어떻게 해야 리프레시가 가능할지에 대해 고민해 봤다. 내가 얻은 해결책은 점심시간 산책이었다. 점심을 빠르게 먹고 난 후 식곤증을 못 이겨 잠드는 것보다 낯선 환경을 관찰하며 산책을 하다 보니 머릿속이 깔끔히 정리되는 기분이었다. 여기서 난 반복되는 일상에서 여유를 찾는 게 중요하다고 느꼈다.

군 생활로 넘어가 보자.
군 생활이 너무 지루하고 답답하게 느껴질 것이다. 하지만 그 속에서도 여유를 갖기 시작하면 즐거움과 의미를 찾을 수 있다. 처음에 군 생활을 시작했을 땐 하루하루가 너무 비슷했다.

'기상 → 점호 → 작업 → 점심 →작업 → 체력단련'

마치 내 자신이 기계처럼 느껴졌다. 오히려 군대에서 생각하고 행동하는 게 너무 비효율적이라고 생각할 지경이었다. 그러던 어느 날이었다.

'아, 여기서 여유를 갖고 행동해 보면 어떨까?'

그 의문을 갖고 난 이후 나는 같은 작업을 할 때 '어떤 행동을 해야 선임들이 좋아할까?', '어떤 도구를 사용하면 모두가 피로감을 덜고 작업할 수 있을까?', '어떻게 해야 더 깔끔하게 정리할 수 있을까?'에 대해 생각하고 접근했다. 그러다 보니 어느 순간 하루 일과가 종료되어 있었다. 나는 여기서 재미를 찾았다.

'아. 반복되는 일상 속에서 찾는 여유가 나에게 활력을 불어줄 수 있구나!'

하지만 이것도 결국 시간이 지남에 따라 따분함을 느낄 수밖에 없다. 결국 그 것이 커지면 번아웃이 올 수도 있다. 사실 번아웃이라는 건 내가 어떠한 일에 진정으로 몰두했을 때 그때에서야 온다고 생각한다. 이쯤에서 오는 번아웃은 긍정적이다. 내가 무언가에 몰두를 해봤다는 반증이지 않는가? 번아웃은 실패가 아니다. 오히려 그것은 나를 잠깐 멈춰서 나를 돌아보라는 신호에 가깝다.

그럴 때마다 억지로 열심히 해야겠다는 생각보다는 하루 정도는 아무 생각 없이 버티는 날로 정하고 쉬어보자. 그리고 다음 날에는 이렇게 생각해보자.

'아. 어제보다 나은 오늘을 보내보자!'

이렇게 마음을 먹는다면 쉽게 이겨 낼 수 있을 것이다.

인간은 익숙함에서 안정을 느낀다고 하지 않는가? 사실 반복되는 삶이 그리 나쁜 건 아니다. 나는 변화를 싫어하는 사람이다. 자극적인 변화가 좋을 때도 있지만 결국 익숙함 속에서 안정감과 위로를 느낀다. 매일 가던 길로만 가다가 그 속에서 우연히 어제와 달라진 점을 찾는 그 일상에서의 여유가 반복되는 삶에서의 활력을 준다.

반복을 지루함으로 남기지 않는 방법 몇 가지를 찾아보자. 먼저, 주인의식을 가져보자. '해야 해서 한다.'가 아닌 '내가 이걸 책임지겠다.'라는 마음을 가져보자. 내가 아니면 누가 하겠는가? 남들이 못 할 것 같은 걸 해보자.

두 번째는 기록하기다. 매일 하루의 느낌을 짧게 써보면 결국 어제와는 다르다는 것을 발견할 것이다. 그 과정이 지속

된다면 조금씩 성장하는 나를 만나게 될 것이다.

가장 중요한 것은 내가 어떠한 마음으로 반복할 것인지에 대한 마음가짐이다. 반복되는 일상 속에서도 내가 그 하루를 어떻게 대하느냐에 따라 전혀 다른 삶이 펼쳐진다. 같은 하늘 아래 같은 환경에서 살아가지만 어떤 이는 무료하게 흘려보내고, 다른 누군가는 그곳에서 미래를 준비하고 더 단단해진다.

군대는 당신이 사회생활을 시작하기 전 마지막으로 마음가짐을 점검할 수 있는 곳이다. 반복되는 하루에서 스스로 단련하고 성장해 가는 곳. 그 속에서 즐거움을 발견해가는 연습을 하는 곳, 이곳이 군대다. 당신은 어떤 사람이 될 것인가?

만일 당신이 연애 중이라면

"**지금 연애** 중인데 어떻게 해야 할까요?"

입대를 앞둔 누군가가 나에게 이렇게 묻는다면, 나는 쉽게 대답해 주지 못할 것 같다. 그것은 사랑의 유무로만 설명할 수 있는 문제가 아니기 때문이다. 군에 입대한 상태에서의 연애는 감정 문제가 아닌 신뢰와 기다림이라는 현실적인 문제이기 때문이다. 단순히 사랑만으론 버티기 어렵고 사소한 문제에도 서로에 대한 확신은 흔들린다.

"우리 둘은 다를 거야"

정말 둘은 다를까? 그동안 살아온 삶은 남들과 달랐는가?

"기다릴게, 요즘 군대야 뭐 짧잖아."

단순한 믿음으로 기다릴 만한 시간인가?

시간이 흐를수록 감정도 무뎌지기 마련이며 언젠간 그 말이 짐처럼 느껴질 수도 있다. 통화하는 횟수의 간격이 점점 벌어지고 어느 순간부턴 의무로 느껴지는 순간이 올 수 있다. 기껏해야 20대 초반에 시작한 연애가 30대 중반까지 이어져서 결혼까지 이어진다는 건 현실적으로 어렵다. 1년 6개월의 기다림이 결혼으로 귀결되어야 하는 건 다소 무리가 있다. 어쩌면 군대는 20대 초반의 연인들에게 신뢰의 단계를 테스트할 수 있는 좋은 방법이다. 내가 이 사람을 얼마나 믿고 있고, 이 사람이 나를 얼마나 믿어주는지를 확인할 수 있는 그런 수단일 수도 있다. 그러니 입대 전 서로의 관계를 교통정리 할 필요가 있다.

입대는 또 연애의 관점이 바뀌는 시기라고도 생각한다. 입대 전에는 단순히 '나를 좋아한다면 기다려주겠지?'라며 얼마나 사랑하는지에 대해 관점이 맞춰졌다면, 입대 후에는 우리가 어떤 사람인지, 앞으로 어떻게 해야 할지, 우리는 어떤 관계로 나아갈지에 대해 고민하는데 관점이 맞춰진다고 본다.

그래서 어떤 커플은 군대를 통해 더 단단해지고, 어떤 커플은 각자의 길을 가게 된다. 아마 그 시기가 흔히 말하는 '일병 말, 상병 초'인 '일말상초'의 기간에 결과가 정해진다고 본다. 정답은 없다. 서로가 어떻게 해야 더 나은 삶을 살아갈 수 있는지가 목표이기 때문이다.

이 과정에서 배움도 중요하다

만약 당신이 이별을 하게 되었더라도 실패는 아니다. 군대에 있는 동안 이별을 겪은 사람들은 자신을 자책한다. 또는 그 사람을 원망하기도 한다. 하지만 가장 중요한 것은 받아들이는 것이다.

그만큼 누군가와 함께하고 싶다는 감정은 더불어 가는 사회에서 매우 중요한 감정 아닌가? 겸허히 수용하고 나면 당신은 성장해 있을 것이다.

연애와 군대는 꽤 닮아있다. 기다림과 이해 그리고 감정의 기복을 수용해야 한다. 둘 다 내 마음만큼 상대방이 움직여 주지 않는 순간이 온다. 그 속에서 우리는 분노할 게 아니라 사람을 더 알아가고 나를 더 깊이 들여다보는 법을 배울 수 있다.

아마 군대를 갔다 오면 철이 든다는 말은 이 과정을 통해서 배우는 게 아닐까. 군대를 다녀오면 바뀌는 건 세상이 아니라 바로 나 자신이다.

끝으로 당신이 지금 연애 중이라면 입대를 앞두고 오만가지 생각이 들 것이다.

'정말 나를 기다려줄까?'
'이게 끝이라고?'
'부담스러운데 여기서 끝내는 게 맞을까?'

어떤 선택이든 당신은 부끄러워하지 말자. 당신이 상대와 자신을 진심으로 생각했기에 내린 결론이다. 그리고 그게 당신을 더 단단하게 만들어 줄 것이다.

끝으로 내 경험을 통한 조언을 해보겠다. 나는 입대하기 전부터 지금까지 큰 탈 없이 여자친구와 연애 중이다. 군 생활을 하면서 연애는 쉽지 않다. 떨어진 거리, 제한된 연락 시간. 사실 이 모든 건 믿음의 문제라고 생각한다. 결국 당신이 여자친구에게 믿음을 주고 여자친구 또한 당신에게 믿음을 주면 군대에서의 1년 6개월은 결코 길지 않다. 상대방을 믿고 행복하게 군 생활을 하다 보면 서로 단단해져 있는 건강한 서로를 발견할 수 있을 것이다.

내일 입대하는 너에게

첫 번째 목차에서는 준비하지 않고 어떠한 일을 했을 때 벌어지는 후폭풍에 대해 말했다. 더 나은 기회가 있었음에도 준비되지 않는 자에겐 허락되지 않는다. 결국 그 후폭풍은 점점 더 커져 나에게 큰 부담으로 돌아온다는 것을.

두 번째 목차에서는 마음가짐의 중요성에 대해 이야기했다. 내가 어떻게 생각하느냐에 따라서 기분이 정말 반대가 될 수 있다. 아쉬움을 긍정으로 바꾸는. 거기서부터 모든 변화가 시작되는, 쉽게 말해서 현재 상황에 대해 받아들이면서 시작된다는 것을.

세 번째 목차에서는 반복되는 일상 속에서 즐거움을 찾는 방법에 대해 이야기했다. 일상을 지루하게 치부할 것이 아니라 나를 갈고닦는 훈련장이라고 생각하면 된다는 것을. 그리고 번아웃은 실패의 징표가 아니라 내가 그만큼 몰입했다는 자랑스러운 증거이다.

   익숙함 속에서 안정감을 찾으며 그 안정감을 토대로 어제보다 더 나은 하루를 보내보자.

   네 번째 목차에서는 군대와 연애에 대해 이야기했다. 단순하다면 단순하고 복잡하다면 복잡한 사랑이라는 감정이 군대에서 얼마나 복합적으로 작용할 수 있는지에 대해 말했다. 모든 과정은 나를 더 성숙하게 만드는 과정이다.

   돌아보면 군대가 마냥 가기 싫은 곳이라고만 생각되지 않는다. 많은 배움을 주는 곳이다. 내가 나를 알아가는 시간, 나를 정리하는 시간이 군대에서의 시간이다. 단순히 억지로 끌려왔다고만 생각했으면 난 지금 책을 쓰고 있지 않을 것이고 하루하루 무의미하게 버텼을지도 모른다. 하지만 이 시간을 느낌표로 받아들인 순간, 성장한 나를 만나게 될 것이다. 당신에게 꼭 이 말을 해주고 싶다. 군대는 당신을 바꿔주지 않는다. 다만 스스로 돌아볼 시간을 준다. 나는 군대로 여행을 떠났다. 처음엔 등 떠밀려 온 곳 같지만 돌아보니 이 여행을 통해 누구보다 나에 대해 더 잘 알게 되었다.

지금 이 글을 읽고 있는 당신은 내일 입대할지도 모른다. 괜히 잠도 안 오고 마음 한구석이 시끄러울 것이다.

오만가지 생각들이 당신을 흔들고 있을 것이다. 괜찮다 그 마음은 비로소 입대 후에 잦아든다. 군대는 당신이 생각하는 것만큼 끔찍하지도 않다. 예상하는 것보다 훨씬 더 많은 것을 깨닫게 해줄 것이다.

당신이 지금까지 어떠한 삶을 살았고 무슨 실수를 했는지 중요하지 않다. 오로지 스스로를 정리하는 시간이 될 것이다. 하루하루는 느리게 흘러갈지라도 그 안에서 얻는 배움은 오래갈 것이다. 울기도 하고 웃기도 하고 그냥 아무 감정 없이 버티는 날도 있겠지만 결국 그 시간들이 성장의 퇴적물이 될 것이다.

그러니 너무 겁먹지 말자. 당신을 인생을 망치는 곳이 아닌 기회를 주는 곳이다.

군대는 잘 가라고 한다고 잘 다녀올 수 있는 곳이 아니다.

어느 날 시간이 흐르고 떠날 준비가 되었을 때 당신은 이미 바깥세상에 나와 있을 것이다. 그리고 다시 한번 이 책을 읽어보며 '나 군대 잘 다녀왔구나.'라고 말할 수 있는 사람이 되길 바란다.

서울 강서고 졸업.
현재 대학교 1학년 컴퓨터 공학부에 재학 중인 평범한 학생이다.
가진 것 없는 내가 이 책을 시작으로 그 무언가를 가져보고자 한다.

인생은 야구다

박상범

드래프트

"**선수** 지명하겠습니다."

매년 한국 프로야구리그인 KBO와 미국 MLB에선 아마추어 신인 선수들을 선발하는 드래프트 제도가 있다. KBO 신인 선수 드래프트에는 많게는 한 해에 1,000명이 넘는 아마추어 선수들이 드래프트에 지원한다. 앞서 말했다시피 드래프트는 신인 선수들을 '선발'하는 제도이다.

한 팀에는 다양한 신인 선수들이 선발되어 있을 것이다. 팬들의 시선이나 팀에서 거는 기대는 당연히 먼저 지명된 선수들을 향해 가 있을 것이다. 자연스럽게 경기에 출전하거나 기회가 부여되는 것도 먼저 지명된 선수들을 향해 갈 것이다. 그 선수들이 1군에서 활약하는 동안 나머지 선수들은 2군에서 머물 것이다.

여기서 나는 신인 선수들을 두 종류로 나눠보겠다.

2군에 머물고 있는 주목도가 낮은 신인 선수.

2군이라는 본인들이 상상한 프로와는 동떨어진 세계에 당황할 것이다. 신인 선수의 특성상 경험적인 측면에서도 다른 2군 선수들과 차이가 날 것이다. 어떻게 보면 낯선 땅에 던져졌다고 말할 수도 있겠다. 만일 앞서 이야기한 육성선수 신분이라면 계약금도 받지 못하고 언제 잘릴지 모르는 파리 목숨이라고 생각해서 불안해할 수도 있을 것이다. 1군에서 활약하고 있는 다른 신인 선수를 보면 부러움과 동시에 '나도 저기서 저렇게 할 수 있는데.'라는 생각이 들 수도 있을 것 같다.

1군에서 활약 중인 신인왕급 신인 선수.

어린 나이에 주목을 한몸에 받으며 수억 원의 계약금을 받고 입단했다. 시즌이 시작하기 전부터 모든 언론과 지도자들이 이 선수를 입 모아 칭찬한다.

"지금 당장 1군에 투입시켜도 무방하다."

"이런 재능을 가진 선수는 정말 오랜만에 본다."

시즌이 시작되고 모두에 예상대로 기대대로 1군에서 맹활약을 하고 데뷔 1년 만에 신인왕을 수상했다.

두 선수를 보았을 때 어떤 선수가 되는 것이 더 좋다고 생각하느냐라고 물었을 때 아마 모든 사람들이 후자를 택했을 것이다. 우여곡절 없이 순탄하게 흘러가는 커리어가 안정적이 좋다고 생각했을 것이다. 하지만 저들은 신인 선수 들이다. 신인 선수라는 말은 이제 막 커리어를 시작한 선수들이란 말이다. 앞서 이야기한 것들은 이 선수들이 입단한 지 갓 1~2년 밖에 되지 않았을 때의 이야기이다.

성공한 야구선수들의 커리어가 대부분 15년 이상을 넘어가는 것을 보면 이것은 극히 일부에 지나지 않는다. 2군에서 머물고 있는 선수가 성공한 선수가 된다는 스토리는 꽤 많은 것 같다고 생각을 하여 나는 오히려 잠시나마 성공을 맛본 선수들의 입장에서 글을 쓰려 한다.

성공을 맛본 선수들, 특히 신인왕급 선수가 된 선수들의 입장에서 생각해 보면 그들은 정말 **빠른 속도로** 많은 것들을 경험하고, 많은 사람들의 기대를 받으며 프로 생활을 시작했을 것이다. 하지만 이러한 기대가 크면 클수록 그만큼 부담도 크다. 처음에는 "이 선수가 프로에 들어오면 확실히 큰 성과를 낼 것이다."라는 믿음이 있었겠지만, 그 뒤로 매 시즌을 이어나가면서 계속해서 최고의 모습을 유지하는 것은 결코 쉬운 일이 아니다.

기대에 부응하지 못하면, 그만큼 실망감도 크게 찾아올 것이다. 이러한 부담을 이겨내려면 그들은 자신만의 원칙을 가지고 꾸준한 노력을 해야 한다. 이 시점에서 중요한 점은 '한 번의 성공에 안주하지 말고 계속해서 자신을 발전시켜야 한다.'라는 사실이다. 이때 중요한 것은 자기 발전을 멈추지 않는 것이다. 신인왕을 수상했다고 해서 모든 것이 해결되는 것은 아니다. 그 성공이 지속되지 않으면 결국 그 선수는 과거의 영광에만 머물게 될 수 있기 때문이다. 더 많은 경험, 더 많은 도전, 더 깊은 자기 성찰이 필요하다.

내가 야구라는 소재로 글을 써 내려가고 싶었던 첫 번째 이유가 위에 말한 것들과 관련이 있다.

나의 고등학교 3학년은 공부에 대한 자신감이 물에 올랐었던 시기이다. 1, 2학년 때는 공부를 못 하니 하기가 싫고 자신감도 없었지만 나름 부단한 노력을 통해 고등학교 3학년 드디어 '유망주' 정도는 되는 수준을 보유하고 있었다.

3학년 당시에도 열심히 공부를 해가며 수능 전 마지막 테스트라 할 수 있는 9월 모의고사에서 기대를 뛰어넘는 성적을 거두었다. 하지만 9월 모의고사 성적에 자만한 나머지 수능 전까지 공부를 조금 소홀히 하며 이상한 자만심으로 가득 차 있었다. 결국 수능 당일 기대와는 너무 다른 성적을 받았다. 평소에 불안했던 과학탐구 과목에서 완전히 실패했다 표현해도 될 정도로 점수가 안 나왔다. 사실 자만심에 차 있었던 이때 2개월 정도의 시간이 어떻게 보면 나의 짧은 인생 속에 가장 후회되는 기간이지 않을까 싶다.

나보다 공부를 못 하는 줄 알았던 학생이 나보다 좋은 성적을 거두었다는 사실을 알았을 때 더 많은 후회가 들었다. 아직도 가끔 후회 중이다.

앞서 이야기한 신인 선수가 나에게는 '고등학교 3학년'으로 다가왔었다. 그래서 어떻게 보면 야구라는 소재로 글을 쓰기로 마음을 먹었던 것 같다.

키움 히어로즈 야구팀의 홍원기 감독이 한 말 중에 내게 와닿았던 말이 있다.

"들어오는 데엔 순서가 있지만 나가는 데엔 순서가 없다."

문턱까지는 다른 누군가 보다 먼저 갈 수 있다. 그러나 문턱 너머에 시작되는 여정에 누가 어떻게 가느냐는 본인 하기에 달렸다고 생각한다. 이 말을 들었을 때 야구랑 우리의 삶이 정말 비슷하다고 생각했다. 야구라는 게임이 우리의 인생과 많이 닮았다는 것을 보여주고 싶다.

마이너리거

메이저리그와 마이너리그는 이름만 들어도 확연히 다른 두 무대다. 메이저리그는 세계 최고의 선수들이 모여 펼치는 꿈의 무대이며, 모든 이의 주목을 받는 곳이다. 그곳에 오르기 위해서는 엄청난 실력과 경험이 필요하다.

반면, 마이너리그는 그 꿈을 향해 나아가는 선수들이 처음 겪는, 그야말로 '준비의 시간'이다. 마이너리그에서는 아직 많은 사람들에게 주목받지 못한 채, 선수가 되기 위한 고된 훈련과 끊임없는 도전을 이어가야 한다. 그곳에서는 실패와 좌절이 자주 찾아오지만, 바로 그 경험들이 결국 메이저리그라는 큰 무대로 나아갈 수 있는 발판이 된다.

이 두 무대의 차이는 단지 명성과 인지도에 그치지 않는다. 마이너리그에서 겪는 수많은 어려움이, 결국 메이저리그에서 빛을 발할 수 있는 진정한 실력을 만들어 낸다는 사실을 우리는 알아야 한다.

이처럼, 마이너리그와 메이저리그는 단순한 '시작'과 '결과'의 차이를 넘어, 각기 다른 성장의 단계를 나타낸다. 그리고 그 차이는 우리의 인생과도 닮아 있다. 우리가 겪는 인생의 여정 역시, 마이너리그와 메이저리그처럼 두 단계로 나눠볼 수 있다. 처음에는 마이너리그처럼 힘들고, 불확실하며, 때로는 실패와 좌절에 부딪히기도 한다. 하지만 그 과정에서 우리는 성장하고, 결국엔 우리만의 메이저리그로 나아갈 기회를 얻는다.

우리가 마주하는 마이너리그 같은 시기는 사실 그 자체로 고통스러울 수 있다. 초기의 어려움 속에서 어떤 이들은 자신이 잘못된 길을 가고 있다고 느끼기도 한다. 하지만 그 시기야말로 가장 중요한 시간이 될 수 있다. 마이너리그에서 뛰고 있는 선수들 역시 그저 계속해서 연습하고 도전하며 자신을 개선해 나간다. 그들은 끝없이 훈련하고, 실수를 반복하면서 점점 더 나아진다. 이러한 과정이 결국 그들이 메이저리그에

오를 수 있는 발판이 되는 것이다. 우리는 이와 같은 과정을 통해 자신만의 역경을 극복하고, 성장할 수 있는 기회를 맞이하게 된다.

마이너리그에서의 시간은 단순한 연습 기간이 아니라, 각 선수가 자신의 한계를 극복하고, 경쟁에서 살아남기 위한 중요한 시간이다. 그 시간 속에서 선수들은 기술적으로나 심리적으로나 많이 성장한다. 한 경기에서의 실패가 또 다른 성공으로 가는 발판이 된다. 대표적으로 메이저리그에서 손꼽히는 강타자인 뉴욕 양키스의 애런 저지는 메이저리그 첫 번째 시즌에 1할대의 타율을 기록하며 아쉬운 시즌을 보냈다. 하지만 저지는 좌절에 그치지 않고 본인 휴대전화에 본인의 데뷔 시즌 타율을 적어놓고 그것을 곱씹으며 훈련했다. 그 결과, 그 다음 시즌에 신인상을 수상하며 와신상담을 이루었다.

인생에서도 마찬가지다. 우리가 겪는 실패와 좌절은 단순히 끝이 아니며, 그것은 더 나은 내일을 위한 중요한 밑거름이 된다. 사람들은 종종 실패를 두려워하지만, 실패 없이 얻을 수 있는 성취는 없다. 마이너리그에서 선수들이 계속해서 도전하고 성장하듯, 우리도 일상에서 마주하는 어려움 속에서 자신을 다져가야 한다.

특히, 마이너리그에서 중요한 점은 선수들이 각기 다른 배경을 가지고 있다는 것이다. 어떤 선수는 어려운 환경 속에서도 꾸준히 노력하며 꿈을 키워왔고, 어떤 선수는 나이가 많고 경력이 짧지만, 끝까지 포기하지 않고 도전하는 경우도 있다. 마이너리그에서의 경쟁은 그만큼 치열하고, 다양한 배경을 가진 사람들과의 경쟁이기 때문에, 매일매일이 도전의 연속이다. 이는 인생에서도 마찬가지다. 각자의 환경과 배경은 다르지만, 우리는 모두 각자의 방식으로 어려움을 극복하고 성장해 나간다. 어떤 이에게는 빠르게 성취가 오지만, 다른 이에게는 그보다 더 긴 시간이 필요할 수도 있다. 그러나 중요한 것은, 우리가 나아가는 길에서 포기하지 않고 계속해서 걸어가며 각자의 목표를 향해 나아가는 것이다.

마이너리그에서 선수들이 끊임없이 훈련하며 자신을 개선하려는 의지, 그리고 그 과정에서 겪는 힘든 순간들은 결국 그들이 메이저리그에서 보여줄 실력을 다져주는 중요한 과정이 된다. 이 과정이 없이 메이저리그에 바로 진출한다고 해도, 그들은 결코 최고의 선수로 자리매김할 수 없다. 우리도 인생에서 한 번의 성공으로 모든 것을 이루었다고 느끼지 말아야 한다. 우리가 이루려는 목표는 그저 단기적인 결과가 아니라, 지속적인 성장과 발전을 위한 여정임을 기억해야 한다.

마이너리그에서 선수들이 멘탈을 강하게 유지하려는 것처럼, 우리도 인생의 여러 어려움 속에서 멘탈을 지키는 것이 중요하다. 마이너리그에서는 좋은 성적을 내기 위해 필사적으로 싸우는 선수가 많지만, 그들 중 일부는 심리적으로 무너져 결국 꿈을 이루지 못한다. 하지만 멘탈이 강한 선수는 어려운 상황 속에서도 절대로 포기하지 않는다. 그들은 자신을 믿고, 모든 어려움을 견디며 다시 일어설 수 있는 힘을 기른다. 우리도 인생에서 위기를 겪을 때마다 자책하거나 좌절하기보다는, 그 상황을 받아들이고 더 강하게 나아갈 수 있는 멘탈을 기를 필요가 있다.

결국, 마이너리그에서의 경험은 그 자체로 값진 시간이다. 그 시간을 통해 우리는 성장하고, 실패를 극복하며, 더 나은 내일을 위한 준비를 할 수 있다. 마이너리그와 메이저리그의 차이는 단순히 명예와 성취의 차이가 아니라, 그 과정에서 어떻게 성장하고 자신을 다져가는가에 달려 있다. 마이너리그에서의 어려움이 없다면, 메이저리그에서의 빛나는 순간도 없을 것이다. 마찬가지로, 우리의 인생에서도 마이너리그 같은 시기들을 잘 견디며 성장하는 것이 중요하다. 그 과정을 거쳐 우리는 결국 자신만의 메이저리그에 도달하게 될 것이다.

패전 처리용 투수

야구에는 '패전 처리용 투수'라는 역할이 있다. 경기의 흐름이 이미 기울어, 승패가 거의 정해진 시점에 마운드에 오르는 투수. 점수 차가 벌어져 팀이 이기기 어렵다고 판단될 때, 주력 투수들의 체력을 아끼기 위해 등판하는 이들이다. 이들의 등판은 팬들의 기대와는 거리가 멀고, 때로는 '소모품'처럼 여겨지기도 한다. 그러나 이들의 존재는 결코 가볍지 않다. 그리고 이들의 삶은, 어쩌면 우리 대부분의 인생과 닮아 있다.

우리는 모두 주인공이 되고 싶다. 스포트라이트를 받으며, 박수갈채 속에 환호를 즐기는 삶을 꿈꾼다. 누군가는 실제로 에이스처럼 살아간다. 성적이 좋고, 인정을 받고, 원하는 자리를 차지한다. 하지만 현실은 모든 사람이 에이스가 될 수 없다. 대부분의 사람들은 일상의 수많은 패전 처리 속에서 살아간다. 회사에서는 눈에 띄지 않는 자리를 묵묵히 지키고, 가정에서는 누군가의 희생으로 가족이 돌아간다. 그들이 없으면 삶의 균형이 무너지는 '숨은 투수'들이다.

패전 처리용 투수의 투구는 때로 무의미해 보일 수 있다. 이미 기울어진 게임, 결과가 바뀌지 않는 흐름 속에서 던지는 공. 하지만 그 공 하나하나에는 의미가 있다. 다음 경기를 위해, 팀의 미래를 위해, 그리고 스스로의 자존심을 위해 던지는 공이다. 그리고 이는 우리가 반복하는 수많은 일상과도 닮아 있다. 결과가 보이지 않아도, 인정받지 못해도, 우리는 오늘도 무언가를 '던진다'. 말 한마디, 일 하나, 관계 속의 작은 배려 하나. 이 모든 것들은 때로는 기록되지 않고, 누구의 눈에도 띄지 않는다. 그러나 그것들이 모여 내일을 만든다.

패전 처리용 투수가 등판하는 순간, 아무도 기대하지 않는다. 오히려 실점만 하지 않기를 바란다. 하지만 그는 안다. 이 무대에서 자신이 던져야 할 이유를. 혹시 모를 반격의 불씨를 살리기 위해, 후배들이 배울 수 있도록 본보기를 보여주기 위해, 혹은 단지 '야구가 좋아서' 던지는 것이다. 우리도 그렇지 않은가. 세상이 우리에게 기대하지 않아도, 누군가는 지켜보지 않아도, 우리가 살아가는 이유가 있기 때문에 오늘도 다시 하루를 산다.

패전 처리용 투수는 때로 승리를 만든다. 점수가 벌어진 게임에서도 끝까지 막아내며 팀에 희망을 남기고, 그 과정에서 팀은 흐름을 바꾸고 역전승을 거두기도 한다. 이런 승리는 극적이어서 오래 기억된다. 그리고 그런 순간을 만드는 건, 단지 에이스가 아니라 그날 마운드에 오른 '이름 없는 투수'일 수도 있다.

우리 인생도 마찬가지다. 어느 날은 무력하게 느껴지고, 우리가 하는 일이 무의미하게 보일지라도, 그 속에는 반드시 의미가 있다. 비록 지금은 누군가의 패배를 막기 위한 처리용 인생처럼 느껴질지라도, 결국 그 작은 헌신이 인생의 반전을 끌어낸다. 그리고 언젠가는, 우리가 던진 그 공 하나가 삶의 전세를 바꾸는 '결정구'가 될 수도 있다.

그러니 패전 처리의 삶이라도 괜찮다. 무대는 마운드이고, 인생은 아직 끝나지 않았다. 그 어떤 이도 함부로 평가할 수 없는 투혼과 의미가, 오늘도 우리 안에 있다. 묵묵히 자신만의 방식으로 하루를 살아내는 당신, 지금 이 순간에도 누군가의 내일을 바꾸고 있다는 것을 잊지 않길 바란다.

대타

야구에는 '대타'라는 독특한 개념이 있다. 주전 타자를 대신해 한 타석을 맡는 역할. 중요한 순간, 혹은 누군가가 제 역할을 하지 못할 때 팀은 결단을 내린다. 그리고 그 결정은 단 한 번의 기회, 단 한 개의 공으로 결과가 갈린다. 대타는 때로 결정적인 안타를 치며 영웅이 되기도 하지만, 대부분은 조용히 물러난다. 짧고 강렬하게 등장했다가 이내 사라지는, 그러나 결코 가볍지 않은 존재. 우리 인생도 때로는 그런 대타의 순간으로 가득 차 있다.

우리는 언제나 주전으로 살아갈 수 없다. 삶은 우리를 언제든지 '교체'한다. 누군가의 빈자리를 채우기 위해, 혹은 예상치 못한 상황에 대처하기 위해 갑작스럽게 무대 위에 올라서게 되는 순간이 있다. 준비가 되어 있든 없든, 누군가를 대신해 결정을 내려야 하고, 책임을 져야 하며, 결과를 감당해야 한다. 회사에서는 상사의 빈자리를 대신 회의에 들어가야 할 때가 있고, 가정에서는 부모님을 대신해 동생을 돌봐야 할 순간이 있다. 우리는 그렇게 늘 누군가의 대타로 살아간다.

그러나 대타는 단순한 '보조'가 아니다. 그 한 순간에 모든 것을 걸어야 하는 자리다. 주전 선수처럼 꾸준히 리듬을 탈 수 있는 것도 아니고, 여러 번의 기회를 보장받지도 못한다. 오직 한 타석, 단 한 순간의 승부. 인생에서 찾아오는 기회도 그렇다. 언제 올지 모르고, 한 번 오면 지나간다. 그때 우리는 준비되어 있어야 한다. 묵묵히 기다리며 스스로를 단련하고, 무대가 올 때를 대비하는 것. 대타의 삶은 기다림의 미학이자 순간을 놓치지 않는 집중력이다.

또한 대타는 책임을 짊어진다. 내가 타석에 나서는 순간, 그 뒤의 타자, 팀의 흐름, 경기에 영향을 준다. 잘하면 박수를 받지만, 실패하면 비난은 어김없이 쏟아진다. 비단 야구만이 아니라, 우리 삶도 그렇다. 부모님이 병환으로 쓰러지면 자식이 대타로 삶의 방향을 틀어야 하고, 친구가 힘들어하면 대신 그의 곁을 지켜주는 존재가 되어야 한다. 내가 원해서가 아니라, 상황이 나를 불러 세운다. 하지만 그 자리에서 도망칠 수는 없다. 누군가는 꼭 그 순간에 나서야 하니까.

그러나 우리가 잊지 말아야 할 사실이 있다. 대타는 우연히 그 자리에 선 것이 아니다. 그가 그 자리에 있다는 건, 그만한 준비와 신뢰가 있었기 때문이다. 아무나 대타가 되는 것이 아니다. 언제나 벤치에서 경기를 지켜보며, 상대 투수의 패턴을 읽고, 머릿속으로 수많은 시뮬레이션을 돌린 선수만이 그 자리에 설 수 있다. 마찬가지로 우리의 인생도 준비된 사람만이 기회의 순간에 선택받는다. 지금 당장은 무대에 오르지 못해도, 묵묵히 자신의 시간을 쌓고 있는 사람만이 진짜 대타가 될 수 있다.

그리고 대타는, 아주 특별한 순간을 만든다. 9회말 2사 만루, 점수가 뒤져있는 그 극적인 타석에서 대타가 안타를 쳐 팀을 구하는 장면. 그것은 인생에서도 마찬가지다. 누군가 무너졌을 때, 그를 대신해 나선 사람이 모든 것을 바꾸는 일. 어쩌면 가장 감동적인 순간은 늘 그런 교체에서 나온다. 결국 인생은 주전과 대타가 번갈아 가며 엮어내는 공동의 승부다.

우리는 누군가의 대타였고, 앞으로도 누군가의 대타가 될 것이다. 그 자리는 우연이 아니라, 또 하나의 운명이고, 기회이며, 책임이다. 누군가의 자리를 지켜주기 위해, 혹은 우리 스스로 빛나기 위해 우리는 타석에 서야 한다. 짧은 순간일지라도 그 한 번이 우리 인생 전체를 바꿔놓을 수 있다.

그러니 준비하자. 오늘은 벤치에 앉아 있더라도, 내일은 타석에 설지도 모른다. 인생은 언제나 다음 대타를 기다리고 있다.

메이저리거

화려한 조명 아래 펼쳐지는 메이저리그 경기. 관중의 환호, 거대한 전광판, 초일류 선수들의 완벽한 플레이는 우리에게 감탄을 자아내게 한다. 그러나 그들이 이 무대에 오르기까지의 과정은 결코 눈부시지만은 않다. 수많은 마이너리그 경기, 끝없는 훈련, 수차례의 낙방과 이적. 메이저리그는 실력뿐 아니라 인내와 끈기를 견뎌낸 자만이 설 수 있는 무대다.

그 모습은 우리가 살아가는 인생과 닮아 있다. 누구나 삶에서 '메이저리그'에 오르길 꿈꾼다. 자신의 분야에서 성공하고, 누군가의 인정을 받으며, 가치 있는 일을 해내는 사람. 그러나 그 꿈에 도달하는 길은 결코 단순하지 않다. 좌절, 실패, 반복되는 시도 속에서 우리는 자신을 끊임없이 단련한다. 그 과정을 이겨낸 이들만이 결국 자신만의 무대에서 빛난다.

　인생이라는 경기는 단순한 기록 싸움이 아니다. 야구처럼 한 번의 타석에서 홈런을 칠 수도 있고, 삼진을 당할 수도 있다. 중요한 건, 매 타석에 성실히 임하는 태도다. 삶도 마찬가지다. 하루하루의 선택, 작은 도전들, 아무도 보지 않는 자리에서의 땀. 그것들이 쌓여 어느 날, 우리가 꿈꾸던 무대로 우리를 이끈다. 어떤 사람은 학업이라는 리그에서, 또 어떤 이는 직장이라는 그라운드에서, 또는 가족이라는 팀 안에서 묵묵히 제 역할을 다하며 경기를 치르고 있다.
　야구에는 포지션이 있다. 투수, 타자, 포수, 외야수……. 각자의 자리는 다르지만, 팀 전체를 위한 역할이 분명하다. 인생도 그렇다. 모든 사람이 같은 길을 걷는 것은 아니다. 누군가는 무대에 서고, 누군가는 무대를 만들며, 또 누군가는 뒤에서 조용히 팀을 지탱한다. 중요한 건 자신의 포지션에서 책임을 다하는 것이다. 때로는 외로울 수도 있고, 눈에 띄지 않을 수도 있지만, 모든 역할은 팀을 승리로 이끈다. 그렇게 우리도 서로 다른 자리에서, 같은 방향을 향해 걷는다.
　메이저리거의 길은 단순히 실력만으로 결정되지 않는다.

부진한 시즌, 예상치 못한 부상, 혹은 갑작스러운 팀의 전략 변화. 그 모든 상황에도 굴하지 않고 자신의 페이스를 유지할 수 있어야만 살아남는다.

인생에서도 마찬가지다. 계획대로 되지 않는 날이 더 많고, 예기치 않은 일에 휘둘리기도 한다. 하지만 그런 순간에도 흔들리지 않고 스스로를 다잡을 줄 아는 사람이 결국 꾸준히 전진할 수 있다. 실패를 두려워하지 않고, 성공을 조급해하지 않는 사람. 그런 사람이 인생의 메이저리거가 된다.

또한 야구는 혼자만의 게임이 아니다. 위기의 순간에는 누군가의 수비가, 혹은 불펜의 역투가 팀을 살린다. 인생에서도 우리는 혼자가 아니다. 때로는 동료의 격려, 가족의 응원, 친구의 한마디가 버틸 힘이 된다. 어떤 날은 우리가 누군가를 구원하는 구원이 되기도 한다. 그렇게 서로를 지지하며 우리는 인생이라는 리그를 함께 뛰고 있다.

사실 메이저리거가 된다는 것은 거창한 목표가 아닐지도 모른다. 끝까지 경기를 포기하지 않고, 자신의 포지션을 지키며, 매일을 성실히 살아내는 사람. 그런 사람이 바로 인생의 메이저리거다. 홈런이 아니어도, 번트 하나에도, 수비 하나에도 진심을 담는 태도. 그것이 진짜 프로이고, 진짜 인생이다.

그래서 오늘도 우리는 각자의 유니폼을 입고, 인생이라는 구장에서 경기를 치른다. 마이너리그 같았던 날들을 지나, 어느새 우리는 더 단단해졌고, 더 넓은 시야를 가지게 되었다. 그리고 언젠가, 누군가의 박수 없이 조용히 타석에 서는 그 순간조차도, 우리는 알고 있다.

그 자리 자체가, 이미 우리에게는 메이저리그라는 것을.

경제학을 전공 중인 대학생.
다양한 분야에 관심을 갖고 알아보는 것을 즐긴다.

내가 느낀 군대의 본질

권홍준

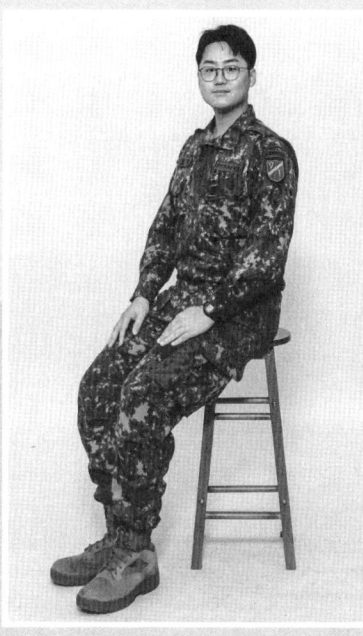

내가 깨달은 군대의 본질

입대를 앞둔 사람이라면 한 번쯤 "군대에서 너무 열심히 하지 마라.", "절반만 가라." 같은 조언을 들어봤을 것이다. 하지만 이런 말을 곧이곧대로 받아들여서는 안 된다. 이런 조언을 해주는 아빠, 형, 선배, 친구들은 이미 군 생활을 마친 '예비역 병장'임을 명심하라! 그들의 말은 전역자의 시각에서 나온 것으로, 신병이 그대로 따를 경우 자칫 힘든 군 생활로 이어질 수 있다.

나의 경우, 입영 신청 후 26일 만에 입대했다. 마음의 준비도 부족했고, 군 생활에 대한 깊은 이해도 없었다. 그저 "절반만 가라."는 조언을 나름대로 해석해 효율적인 군생활을 다짐했다. 주어진 임무는 충실히 수행하되, 불필요한 과도한 노력은 줄이고, 남는 시간에 자기계발을 하며 의미 있는 시간을 보내는 것, 그것이 나의 초기 목표였다.

처음 마주한 신병교육대는 마치 학교처럼 아침 8시부터 17시까지 쉴 틈 없이 정해진 교육과 훈련이 이루어지는 곳이었다. 함께 생활하기에 임무 분담이 비교적 공평했고, 선임과의 관계에서 오는 내무 생활의 어려움이나 불편은 거의 없었다.

하지만 신교대에서는 아무리 열심히 노력해도 특별한 보상이 없다는 것을 금방 깨달았다. 동기들이 쉴 때 고생하며 무거운 짐을 옮기고, 제식 경연대회에서 우승하며 남들보다 적극적으로 생활한 대가로 얻은 상점 5점. 그 보상이라는 것도 결국 5천 원을 추가로 내야 겨우 10분간 전화 통화를 할 수 있는 기회뿐이었다. 이 경험을 통해 나는 주체적으로 군 생활을 해 나갈 필요성을 느꼈다.

이 경험을 통해 나는 주체적인 군 생활의 필요성을 느꼈고, 훈련 시간 외에는 자기계발에 적극적으로 매진했다. 그 결과, 45일이라는 비교적 짧은 기간에도 불구하고 책 7권을 읽었으며, 전공 서적의 절반가량을 학습하는 가시적인 성과를 거둘 수 있었다. 또한, 동기들과 같이 운동하며 체력단련도 빼먹지 않았다. 이처럼 나만의 방식대로 신교대 시간을 의미 있고 효율적으로 사용하는데 성공하였다. 이때까지만 해도 나는 이런 방식이 남은 군 생활 전체에 적용될 수 있으리라 기대했다.

하지만 신교대에서의 생활이 자대에서도 이어질 것이라는 생각은 완벽한 착각이었다. 신교대가 정해진 틀 안에서 움직이는 비교적 예측 가능한 환경이었다면, 자대는 완전히 다른 세계였다. 자대에 배치되면서 군대가 얼마나 철저한 서열 사회인지를 온몸으로 깨닫게 되었다.

물론 자대의 기본적인 일과나 작업 강도는 훈련 시기가 아니라면 훈련소보다 육체적으로 편할 수 있다. 부대 정비 같은 작업은 크게 힘들지 않았다. 그러나 문제는 다른 곳에 있었다. 맨 처음 자대에 와서 본 광경은 우스꽝스럽기까지 했다. 신병들끼리 마구 경쟁하듯이 선임의 짐을 뺏어 들고, 어떻게든 선임의 비위를 맞추려는 모습이 역력했다. 비슷한 나이 또래끼리 단지 몇 개월 먼저 군대에 왔다는 이유로 그런 관계가 형성된다는 것이 처음에는 이상하게만 보였다.

더 큰 문제는 업무 분담이 신병과 선임들 사이에서 극명하게 불균형하다는 점이었다. 거의 모든 작업에서 신병이 훨씬 더 많은 일을 하는 구조였다. 대대 전체에 주어진 업무량은 정해져 있기에, 신병이 최소한의 역할만 수행하려 들면 그 부담은 고스란히 상병과 병장 같은 선임들에게 넘어갈 수밖에 없기 때문이다. 처음에는 '왜 나만, 왜 신병만 더 열심히 해야 하지?'라는 억울함도 느꼈지만, 시간이 지나면서 군 조직의 보이지 않는 운영 원리를 어렴풋이 깨닫기 시작했다.

군대에서의 노동 분배는 '생애주기 가설'과 유사하다. 이 이론은 젊을 때 열심히 일하고 저축하여 자산을 쌓아두면, 노년기에 그 자산으로 여유로운 삶을 누릴 수 있다는 개념이다. 군 생활도 마찬가지였다. 신병 시절에 적극적으로 업무를 배우고 경험을 쌓아두면, 그것이 무형의 자산이 되어 상병과 병장이 되었을 때 업무 부담이 현저히 줄어든다. 반대로 신병 때 최소한의 역할만 하려 하고 요령만 피우면, 선임이 되어서도 미숙한 업무 처리 능력과 평판으로 인해 계속해서 업무가 따라붙는다.

만약 군 생활 동안 각자가 수행해야 할 총 작업량이 정해져 있다면, 신병 때 그 대부분을 미리 해치우고 선임이 되었을 때 여유를 누리는 것이 훨씬 합리적이지 않겠는가? 이 깨달음은 나의 군 생활을 바라보는 시각을 바꾸는 중요한 전환점이 되었다.

나는 태도를 바꾸었다. 신병 시절에 작업과 훈련을 단순히 '견디는' 것이 아니라, 적극적으로 받아들이고 경험을 쌓겠다는 마음을 먹었다. 그러자 시간이 흐를수록 군 생활은 점점 수월해졌다. 처음에는 나를 탐탁지 않게 여겼던 몇몇 선임들과도 점차 관계가 개선되었고, 업무 능력과 요령이 향상되면서 자연스럽게 작업 시간도 줄어들었으며, 그 과정에서 군 생활이 재미있어지기까지 했다.

이처럼 군 생활을 효과적으로, 그리고 궁극적으로 '편하게' 하기 위해서는 군대의 본질을 꿰뚫어 볼 필요가 있다. 그 중 가장 중요한 것은 바로 신병 시절을 어떻게 보내느냐이다. 군대의 가장 큰 특징 중 하나는 인원과 계급의 빠른 순환이다. 신병이 자대에 배치되면 처음 보는 선임들은 짧게는 6개월, 길게는 1년 이내에 대부분 전역하고, 결국 자신이 그들의 위치에 서게 된다. 복무 기간을 보더라도 이병과 일병으로 보내는 시간은 약 8개월이지만, 상병과 병장으로는 약 10개월을 보낸다. 즉 신병 시절을 어떻게 보내느냐에 따라 군 생활의 절반 이상, 어쩌면 그 전부의 질이 달라질 수 있는 것이다.

결론적으로 "절반만 가라."는 말은 나태함을 조장하는 구호가 결코 아니다. 신교대에서의 내 경험처럼 단순히 노력을 회피하라는 의미도 아니다. 이 말의 진정한 속뜻은 군 조직의 특성을 이해하고 신병 시절의 투자가 미래의 여유와 성장을 가져온다는 장기적 시각을 갖추라는 데 있다.

군 생활은 초반의 노력 여하에 따라 그 이후의 경험이 현저히 달라진다. 신병 때 의미 있는 시간을 보내며 역량을 쌓는다면, 군대는 참고 견디는 곳을 넘어 개인적 성장을 이루는 발판이 될 수 있다. 그러므로 "절반만 가라"는 단순한 조언이 아닌, 군 생활 전체를 관통하는 깊이 있는 전략이자 지혜로 받아들여야 할 것이다.

군대에서 최선의 선택

내가 처음 신병 교육대에 들어 갔을 때 큰 충격을 받았다. 예상보다 훨씬 많은 동기들이 훈련에 열정적으로 임했기 때문이다. 솔직히 그 모습이 잘 이해되지 않았다. '저 사람들 학교나 사회에서는 별 노력 없이 살다 온 건 아니었을까?' 하는 편견 어린 생각이 있었기 때문이다. 그런데 군대에 왔다는 이유만으로 갑자기 사람이 달라진 듯 최선을 다하는 모습은 어딘지 모르게 눈에 거슬리기까지 했다. '굳이 저렇게까지 해야 하나?' 하는 의문이 머릿속을 맴돌았다.

그런 나의 생각에 균열이 가기 시작한 것은 행군 훈련 때였다. 완전군장을 메고 사단 정문을 통과하자마자 온몸이 비명을 질렀다. 숨은 턱밑까지 차올랐고, 다리는 돌덩이처럼 무거워졌다. '이건 도저히 사람이 할 짓이 아니다.'라는 생각이 절로 들었다. 하지만 처음으로 낙오하는 것은 자존심이 상할 것 같아, 차라리 두 번째로 포기하자는 생각으로 버텼다.

그런데 이상하게도 아무도 낙오하지 않았다. 모두가 땀을 비 오듯 쏟아내면서도 묵묵히 앞으로 나아가고 있었다. '나만 이렇게 힘든 건가?'라는 생각이 계속 들었다. 체력도 평균 이상이고, 정신력만큼은 자신 있다고 생각했는데 나만 처지는 것 같았다. 한 걸음을 내디딜 때마다 포기하는 상상을 수십 번씩 하며 겨우겨우 발을 옮겼다. 결국 반환점을 돌아 신병교육대로 복귀했고 놀랍게도 끝내 낙오자는 단 한 명도 나오지 않았다.

그때 깨달았다. 내가 대수롭지 않게 여겼던 것에도 이렇게 최선을 다하는 사람들이 많다는 사실을. 그리고 군대는 그런 조직의 대표적인 예였다. 이곳에서 살아남으려면, 나 역시 열심히 해야 했다. 이것이 군 생활을 통한 나의 첫 번째 작은 '성장'이었다.

군대에서 가장 **뼈저리게** 느끼는 점 중 하나는 1년 6개월이라는 시간이 결코 짧지 않다는 것이다. 자유가 제한되고 엄격한 규율 속에서 매일 비슷한 생활이 반복되기에 더욱 길게 느껴진다. 이런 특수한 환경에서는 조직과 융화되려는 노력이 선택이 아닌 필수가 된다.

만약 나는 내 방식대로 살겠다는 이기적인 태도를 고수한다면 어떻게 될까? 아마도 선임에게는 끊임없이 지적받고 동기들에게는 소외당하며, 결국 후임들에게조차 무시당하는 불편한 군 생활로 이어질 것이다. 모든 신병은 자신이 계급이 오르고 선임으로 대우받는 미래를 꿈꾸며 현재의 어려움을 버틴다. 하지만 그저 시간만 흘려보낸다고 해서 그런 대우가 저절로 주어지는 것은 아니다.

'군 생활, 열심히 해봤자 아무도 알아주지 않는다.'라고 생각할 수도 있다. 물론, 남들보다 더 적극적으로 작업하고 훈련에 임한다고 해서 매번 포상휴가와 같은 가시적인 보상이 따르는 것은 아닐지도 모른다. 하지만 그보다 더 값진, 어쩌면 군 생활 전체를 좌우할 수 있는 다음과 같은 무형의 자산들을 얻게 된다.

인정과 신뢰 구축: 군대라는 폐쇄적인 공동체에서는 작은 태도 하나하나가 쉽게 드러난다. 누가 성실하게 자신의 역할

에 임하고, 누가 요령을 피우며 시간을 때우려 하는지는 주변 사람들이 귀신같이 안다. 꾸준히 성실한 모습을 보인다면, 비록 즉각적인 포상이 없을지라도 시간이 지나면서 자연스럽게 동료와 선임, 나아가 후임들에게까지 인정받고 신뢰를 얻게 된다.

선임다운 대우와 리더십의 기반: 선임 대우는 단순히 시간이 흘러 계급장이 바뀐다고 주어지는 것이 아니다. 그 계급에 걸맞은 노력과 책임감, 그리고 능력을 보여준 사람만이 진정한 선임으로 존중받을 수 있다. 후임 시절을 충실히 보낸 경험은 자신이 선임이 되었을 때 올바른 리더십을 발휘할 수 있는 밑거름이 된다.

정신적인 편안함과 스트레스 감소: 의외라고 생각할 수 있지만, 적극적으로 일과에 참여하는 것이 더 편안한 군 생활로 이어질 수 있다. 어차피 한 부대 안에서 같은 작업과 훈련 시간을 공유해야 하는데, 눈치껏 작업을 조금 덜 한다고 군 생활이 극적으로 편해지지는 않는다. 오히려 나는 무거운 짐을 들고 땀 흘리며 작업에 몰두할 때 마음이 더 편했던 경험이 있다. 그렇게 고생하면, 선임들의 불필요한 지적에서 벗어나 정신적으로 편안했기 때문이다.

시간의 가속 성취감: 몰입해서 무언가를 하다 보면 시간이 빠르게 흘러가는 경험을 하게 된다. 내가 신병 시절 가장 힘들었지만 동시에 가장 재미있게 참여했던 일과 중 하나가 바로 '진지공사'였다. 부대의 진지와 참호를 신축하고 보수하는 작업으로, 육체적으로는 정말 고됐다. 살면서 처음으로 낫질, 톱질을 하며 가시나무를 잘라내고, 삽질로 온몸이 땀에 젖어 정신이 혼미해질 정도였다. 하지만 힘든 만큼 세세한 간섭이나 지적은 적었고, 일이 끝난 후에는 눈에 보이는 결과물로 인해 나름의 큰 성취감을 느낄 수 있었다. 무엇보다 열심히 몰입하다 보니 시간이 빠르게 흘러가는 것도 큰 장점이었다.

이처럼 군 생활에 몰입하는 것이 필요하다고 생각한다. 흔히들 '군대놀이'라며 다소 부정적으로 표현하기도 하지만, 역설적으로 그 '몰입'이야말로 힘든 군 생활을 버텨낼 수 있는 중요한 동력이 된다. 나의 경우, MOPP(임무형 보호태세) 보호의를 신속하게 착용하는 것이 일종의 특기이자 작은 자부심이었다. 처음에는 그저 답답하고 서툴렀지만, 전투화 덮개 끈을 효과적으로 묶거나 보호의 단추를 재빠르게 끼우는 등 소소한 요령을 익혀가며 점차 빨라지는 과정 자체가 재미있었다.

이런 작은 성취감을 반복해서 느끼다 보면, 지루하고 힘들기만 하던 훈련이나 작업이 아주 약간은 의미 있고 가치 있게 느껴지기 시작한다. 그리고 이 작은 재미와 성취감이 쌓여 하루를 버티는 힘이 되고, 나아가 훈련이나 작업 자체에 약간의 가치를 부여하게 된다. 이것이 바로 제가 경험한 '군 생활을 통한 또 다른 작은 성장'이었다.

결국 군 생활은 인생이라는 여정의 한 구간이며, 사회에서 최선을 다하던 이들이 군에서도 그 자세를 이어가는 것을 많이 볼 수 있다. 이는 군대가 삶과 동떨어진 곳이 아니라는 방증이다. 그렇기에 '군대에서는 시간을 때우다 전역 후에 잘하겠다.'는 안일한 생각이나, 원치 않는 환경에 대한 반발심으로 '대충' 하려는 태도는 위험하다. 성실함도, 나태함도 결국 시간을 통해 몸에 새겨지는 습관이며, 이는 전역 후의 삶에 고스란히 영향을 미치기 때문이다.

선택하지 않은 환경일지라도, 그 안에서 어떤 태도를 취할지는 우리 자신에게 달려있다. 좌절하거나 시간을 허비하기보다 작은 의미를 찾고 성장하려 노력한다면, 군 생활은 분명 값진 경험으로 남을 것이다. 이 시간이 여러분 각자의 삶에 어떤 긍정적 동기를 부여하고, 어떤 성장의 기억으로 채워지기를 진심으로 응원한다.

군대에서 가치 찾기

"*세상을 바꾸려면* 침대 정리부터 하라."는 유명한 말이 있다. 어쩌면 군 복무 기간 역시, 매일 아침 반복되는 그 침구 정리처럼 사소하지만 중요한 시작점이 될 수 있다. 많은 이들이 군 복무 기간을 그저 흘려보내야 하는 시간, 혹은 부정적으로만 생각하기 쉽다. 틀에 박힌 일과와 제한된 자유 속에서 수동적으로 지내기 쉬운 환경임은 분명하다. 하지만 군대라는 특수한 구조 속에서만 얻을 수 있는 고유한 의미와 가치를 발견하려 노력한다면, 그 시간은 오히려 사회에서는 얻기 힘든 귀중한 성장의 기회가 될 수 있다. 억지로 무언가 대단한 것을 해내려 애쓰기보다, 군 생활 중에 마주치는 다양한 상황들을 자연스럽게 성장의 발판으로 삼으려는 열린 마음과 작은 실천이 더 중요하다고 생각한다.

인간관계의 확장과 편견 극복

군대는 그야말로 '다름'의 용광로다. 특히 육군 징집병으로 복무한다면, 살아온 지역, 학력, 가정환경, 가치관 등 모든 것이 전혀 다른 사람들과 필연적으로 깊게 엮이며 생활하게 된다. 살면서 이처럼 다양한 배경의 사람들과 한 공간에서 부대끼며 서로를 이해할 기회가 또 있을까?

처음에는 배경도 관심사도 너무 달라 말 섞기조차 어색했다. 하지만 매일 같은 공간에서 비슷한 어려움을 겪고, 고된 일과를 함께 하다 보면, 서로의 다름을 넘어선 어떤 강한 유대감을 느끼게 된다. 신기하게도 말년 병장이 될 무렵에는 동기들끼리 SNS 추천 알고리즘마저 비슷해질 정도다. 힘든 훈련을 함께 이겨내고, 별것 아닌 일에 다 같이 웃고 떠들며, 때로는 갈등하고 화해하는 과정을 통해 '결국 사람 사는 모습은 다 비슷하구나.' 하는 평범하지만 중요한 진리를 몸소 배우게 된다.

나는 원래 사람에 대한 첫인상을 많이 따지고 편견도 심한 편이었다. 하지만 군 복무를 통해 다양한 동기들과 관계를 맺으면서, 겉모습이나 배경만으로는 사람을 판단할 수 없다는 것을 깨달았다. 이러한 경험은 세상을 바라보는 나의 시야를 넓혀주었고, 사람들을 대하는 태도를 유연하게 만들어준 값진 '성장'의 자양분이 되었다. 이전의 나였다면 쉽게 다가서지 못했을 사람에게도 이제는 좀 더 편안하게 다가설 수 있을 것 같다. 이는 대학 복학 후나 사회생활을 할 때 분명 큰 도움이 될 것이다.

재테크 경험 쌓기

군 복무는 많은 청년에게 생애 처음으로 매달 규칙적인 봉급을 받고, 이를 스스로 관리해보는 기회를 제공한다. 최근 병사 봉급이 인상되면서, 기본적인 필요를 충족하고도 스스로 운용할 수 있는 자금이 생겼다. 이 시기에 자신의 돈을 직접 관리하고 불려보는 경험은 경제적 자립을 위한 첫걸음이자, 매우 소중한 '성장' 기회가 될 수 있다.

나는 특히 군대에서 주식 투자를 경험해보라고 권하고 싶다. 군대에서의 주식 투자는 여러 장점이 있다. 군인은 봉급의 상당 부분을 고금리 군적금에 넣을 수 있기에, 소액으로 주식 투자를 경험하며 안정적인 포트폴리오를 구성하는 법을 배울 수 있다. 또한 부대 내 '진중문고'에는 경제 관련 서적들이 생각보다 잘 구비되어 있고, 보장되는 뉴스 시청 시간을 통해 사회 돌아가는 것도 알 수 있다. 간헐적으로 이루어지는 교육 시간 등을 활용해 기본적인 금융 지식을 쌓을 수도 있다.

　나의 경우 입대 전에도 주식을 해본 경험은 있었지만, 솔직히 말해 그때는 별다른 분석 없이 남들을 따라 하는 '주먹구구식 투자'가 대부분이었다. 하지만 군 생활 중 진중문고에서 '변화하는 세계질서'나 '브라질에 비가 내리면 스타벅스 주식을 사라' 같은 책들을 접하면서 투자에 대한 나만의 관점을 정립할 수 있었고, 실제로 약간의 수익률 향상도 경험했다. 또한, 무엇보다 투자에 관심을 가지면 단조로운 일상 속에서 시간이 더 빠르게 흐르는 것처럼 느껴지고, 내일에 대한 작은 기대감이 생겨 군 생활의 지루함을 덜어주는 효과도 있다.

좋은 습관 형성하기

군대는 규칙적인 생활이 강제되는 환경이기에, 역설적으로 좋은 습관을 만들 절호의 기회를 제공한다. 정해진 시간에 기상하고 식사하며 잠자리에 드는 규칙적인 생활이 처음에는 답답하게 느껴질 수 있지만, 이 틀을 잘 활용하면 평소 의지만으로는 만들기 어려운 좋은 습관들을 몸에 익힐 수 있다.

내 경우를 예로 들면, 선임의 지시사항이나 중요한 정보를 자주 잊어 곤란을 겪은 적이 많았다. 그래서 외출이나 휴가 때 저렴한 수첩 여러 개를 구매해 뭐든지 자세히 기록하는 습관을 들이기 시작했다. 처음에는 단순히 '잊지 않기 위해' 시작했지만, 이 메모 습관은 업무 처리 속도를 높이고 실수를 줄이는 데 실질적인 도움이 되었다. 나아가 무언가를 받아 적는 모습은 상대방에게 '내 말에 집중하고 있구나.' 하는 긍정적인 인상을 주어 원활한 관계 형성에도 도움이 되었다. 이 메모 습관은 나의 군 생활을 한결 수월하게 만들어준 '성장 동력'이었으며, 전역 후에도 매우 유용하게 활용될 것이라고 확신한다.

이렇게 몸에 배인 습관들은 군 생활의 질을 높여줄 뿐만 아니라, 전역 후에도 건강하고 생산적인 삶을 살아가는 데 든든한 밑천이 되어줄 것이다.

군 복무 기간은 누구에게나 똑같이 주어지지만, 그 시간을 어떻게 활용하고 어떤 의미를 부여하느냐에 따라 그 가치는 천차만별로 달라진다. 어차피 보내야 하는 시간이라면, 그 안에서 수동적으로 끌려가기보다 적극적으로 배우고 성장할 거리를 찾아내는 것이 우리 자신을 위한 최선의 자세일 것이다. 군 생활이라는 특별한 여정이, 여러분 각자에게 의미 있는 성장의 시간이 되기를 응원한다.

어떤 선임이 되어야 할까

군 생활 초반, 내 머릿속을 떠나지 않던 질문이 있었다.

"대체 선임들이 후임보다 나은 점은 뭘까?"

자대에 막 배치되었을 때는 그저 이것저것 아는 것이 많아 보이거나, 간부들과 스스럼없이 지내는 선임이 유능해 보였다. 하지만 시간이 지나면서 고개가 갸웃거려지는 순간들이 생겼다. 솔직히 어떤 부분은 내가 저 선임보다 나은 것 같은데, 무엇을 믿고 저리도 당당할 수 있을까? 하는 의문과 함께 약간의 반발심이 들기도 했다. 특히 훈련소에서 집중적으로 배우고 익혔던 특정 기술에 있어서는 '이건 내가 더 잘하는

데?' 하는 자신감이 생길 때도 분명 있었다.

선임이라는 자리가 단순히 시간이 흘러 주어지는 것이 아니라면, 그 위치에 걸맞은, 후임과는 다른 본질적인 특징은 무엇일까? 오랜 고민 끝에 내가 내린 잠정적인 결론은, 그 핵심이 바로 '자신감'이며 이 자신감은 '분명히 그렇다'고 믿는 마음, 즉 '확신'에서 비롯된다는 것이었다.

그렇다면 이 '확신'은 구체적으로 무엇이며 어디에서 오는가? 첫째는 '자신의 실력이나 경험에 대한 믿음'이다. 예를 들어 사격 실력이 매우 뛰어난 선임은 사격 훈련에 임할 때 자연스럽게 몸에 밴 확신, 즉 '나는 잘할 수 있다.'라는 믿음이 겉으로 드러나고, 이는 흔들림 없는 자신감으로 이어진다. 특정 작업에 매우 능숙하다면, 그 작업을 지시하거나 수행할 때 '이렇게 하면 된다.'라는 앎이 있기에 망설임이 적고 일 처리가 매끄럽다. 이것은 분명 자신감의 중요한 바탕이다. 하지만 내가 후임 시절 느꼈던 의문을 풀기에는 이것만으로는 부족했다. 왜냐하면 앞서 말했듯, 때로는 후임이 특정 능력에서 더 나을 수도 있기 때문이다.

그래서 더 중요하게 다가왔던 것은 둘째로 '자신이 맡은 역할이나 지금 하는 행동이 올바르다는 생각에 대한 강한 믿음'이었다. 내가 후임이었을 때 가장 어려웠던 것 중 하나는 큰 목소리를 내는 것이었다. 아침 점호 때 애국가를 부르거나, 훈련 중 구호를 외칠 때, 혹시 나서는 것처럼 보일까 봐, 혹은 음정이나 박자가 틀릴까 봐 내 스스로의 행동에 대한 확신을 갖지 못하고 머뭇거렸다. 목소리는 절로 작아졌고, 시선은 불안하게 흔들렸다. 이는 자신의 역할과 행동이 '맞다'고 확신하지 못했기에 생긴 머뭇거림이었다. 그러나 선임이 되어 책임을 맡는 과정에서 '이것이 나의 역할이고, 이 상황에서는 이렇게 행동하는 것이 맞다.'는 판단이 서자, 비로소 이전과는 다른 자신감 있는 태도가 가능해졌다. 이것이 경험 많은 선임에게서 느껴지는 특유의 안정감과 자신감의 핵심적인 부분이다.

　이러한 마음속 확신의 차이는 실제 행동의 차이로 분명하게 드러난다. 선임이 후임보다 더 빠르고 능숙하게 일을 처리하는 것처럼 보이는 이유는 단순히 손기술의 차이를 넘어선다. 선임은 경험을 통해 익힌 절차나 예상되는 결과, 그리고 자신의 판단에 대한 믿음, 즉 확신을 바탕으로 망설임 없이 바로 실행한다. 반면 후임의 머뭇거림은 많은 경우, '실수하면 어떡하지?' 하는 두려움과 '내가 지금 제대로 하고 있는 걸까?' 하는 확신 부족 때문이다.

흥미롭게도 기본적인 업무 숙련도 자체는 선임과 후임 사이에 큰 차이가 없을 수도 있다. 몇 달이면 누구나 비슷한 수준에 도달할 수 있는 작업들이 많다. 그럼에도 불구하고 실제 보여지는 모습이나 결과에서 차이가 난다면, 그것은 바로 '마음가짐의 차이', 즉 얼마나 확신을 가지고 자기 기술을 제대로 발휘하느냐의 차이이다.

같은 기술이라도 긴장을 덜 하고 '이 방법이 맞다.'라는 확신을 가지고 임할 때 실수가 줄고 효율이 오른다. 즉, 선임이 더 나아 보이는 이유는 단순히 기술이 뛰어나서라기보다, 경험에서 나온 확신 덕분에 자신의 기술을 안정적으로 사용하는 능력에서 비롯된다. 예상치 못한 문제가 생겼을 때도 이런 확신은 당황하지 않고 일단 해결을 시도하게 만드는 힘이 된다.

물론, 이렇게 행동으로 이어지는 자신감이 의미를 가지려면 반드시 탄탄한 '근거' 위에 서 있어야 한다. 아무 이유 없는 자신감은 자만일 뿐이다. 선임의 자신감은 맡은 임무와 규칙, 부대 상황 등을 정확히 이해하려는 노력과 꾸준한 학습, 그리고 경험을 성찰하는 과정을 통해 단단해져야 한다. 잘 모르는 부분은 적극적으로 배우고 익혀서 확신의 근거를 스스로 마련하는 과정 자체가 바로 선임으로 성장하는 길이다.

궁극적으로, 이렇게 잘 다져진 '근거 있는 자신감'은 단순히 일을 잘 처리하는 능력을 넘어 '책임감 있는 리더십'으로 표현되어야 한다. 선임의 중요한 역할 중 하나는 때로는 병사들의 입장을 대변하여 조직 전체를 위해 필요한 목소리를 내는 것이다. 부당하거나 불합리한 상황 앞에서 자기 자신만 생각하며 침묵하는 것은 책임감 있는 선임의 자세가 아니다. 자신의 위치와 판단에 대한 확신, 그리고 동료들에 대한 책임감을 가진 선임만이 조직의 건강한 발전을 위해 용기 있게 의견을 내고 행동할 수 있다.

결론적으로, 선임이 된다는 것은 단순한 시간의 경과나 계급의 변화만을 의미하지 않는다. 그것은 군대라는 환경 속에서 경험하고 배우며 자신을 돌아보는 과정을 통해 '근거 있는 자신감'을 만들고, 그 자신감을 바탕으로 '효과적으로 행동'하며 '책임감 있는 리더십'을 보여주는 사람으로 성장하는 내적인 변화 과정이다.

이렇게 얻어진 성숙함과 자신감이야말로 군 생활을 통해 얻을 수 있는 가장 값진 경험이며, 앞으로 사회에 나가 살아갈 때도 든든한 자산이 될 것이라 확신한다.

전역을 준비하기

모든 것에는 시작이 있으면 끝이 있듯, 입대가 있으면 반드시 전역이 있다. 군 생활의 마침표를 찍는 전역은 단순히 부대 밖을 나서는 것을 넘어, 다음 인생의 장으로 나아가는 중요한 전환점이다. 나는 이 중요한 시기를 위해 사전에 철저히 준비하는 것이 반드시 필요하다고 생각한다. 그렇다면 언제부터 전역을 준비하는 것이 좋을까? 내 경험과 관찰에 비추어 볼 때, 그 시기는 빠르면 빠를수록 좋다.

아무런 준비 없이 전역을 맞이하면, 지난 군 생활 전체를 그저 '허비한 시간', '아까운 청춘'으로만 여기기 쉽다. 복무 중에는 나름대로 적응하며 즐겁게 생활했더라도, 막상 사회에 나와 "남는 것이 없다."라고 아쉬움을 토로하는 전역자들을 수없이 봤다. 1년 6개월이라는 시간이 미래를 위한 밑거름이 되지 못하고, 그저 견뎌낸 시간으로만 남는다면 매우 안타까운 일이다. 따라서 군 생활의 의미를 스스로 부여하고 성공적인 사회 복귀를 위해서는 미리 계획하고 준비하는 자세가 필수적이다.

전역 준비의 모든 것은 마음가짐 하나를 바꾸는 것에서 시작한다. 바로 군 생활을 '사회로 돌아갈 채비'를 하는 시간으로 정의하는 것이다. 군대라는 특수한 환경에서 벗어나 다시 일상으로, 혹은 새로운 목표를 향해 매끄럽게 나아가기 위한 준비 과정으로 이 시간을 바라봐야 한다.

이를 위한 가장 좋은 방법은 '무엇인가를 이루겠다.'라는 능동적인 마음으로 자신만의 구체적인 목표를 세우고 꾸준히 실천하는 것이다. 목표는 거창할 필요가 없다. 꾸준한 운동으로 건강한 신체를 만들거나, 평소 읽고 싶었던 분야의 책을 꾸준히 읽는 것도 훌륭한 계획이다. 중요한 것은 자격증, 어학, 전공 공부 등 전역 후에도 유용하게 활용할 무언가를 습득하겠다는 분명한 의지이다. 나 또한 군 생활 동안 토익 점수 향상과 전공 공부라는 목표를 세웠고, 꾸준히 노력하여 두 목표를 모두 성취하며 준비된 전역을 할 수 있었다.

하지만 군대에서 혼자 공부하는 것은 생각보다 더 큰 외로움을 부를 수 있다. 나는 이 문제를 해결하기 위해 마음 맞는 동기들과 '공부 모임'을 만들었다. 함께 공부 시간을 공유하고, 일주일 동안 공부 시간이 가장 많은 사람에게 배달 음식 사주기 같은 소소한 경쟁을 했다.

그런 건전한 경쟁은 강력한 동기 부여가 되었고, 무엇보다 '나 혼자만 유별나다.'는 소외감 없이 즐겁게 공부할 수 있었다. 전역 준비는 혼자 하는 고독한 과제가 아니라, 뜻이 맞는 전우들과 함께 이겨내는 긍정적인 과정이 될 수 있다.

물론 부대마다 여건의 차이는 있겠지만, 생각보다 군대에서는 개인적인 목표를 위해 활용할 수 있는 시간이 많다. 특히 '자투리 시간'을 모으고 활용하기에 좋은 환경이라는 점을 강조하고 싶다. 학창 시절에는 '자투리 시간을 잘 써라'는 말을 자주 듣지만, 수업 사이 쉬는 시간이나 이동 시간 등은 너무 짧고 분산되어 있어 의미 있는 활동으로 연결하기가 쉽지 않다. 오히려 그런 시간까지 무언가를 하려고 하면 비인간적이라는 생각마저 든다.

그러나 군대는 다르다. 정해진 시간표에 따라 움직이는 규칙적인 생활은, 개인적인 목표가 있을 때 오히려 예측 가능하고 계획적인 시간 활용을 가능하게 한다. 예를 들어 보자. 일반적인 일과표를 보면 아침 점호 전후, 점심시간 전후, 체력단련 시간 중 실제 운동 외 시간, 저녁 식사 후 개인정비 시간 등이 있다. 이런 시간들을 조금씩만 모아도 상당한 시간을 확보할 수 있다. 아침 준비를 조금 서두르면 30분, 점심시간을 활용하면 1시간, 체력단련 후 쉬는 시간 30분 등, 일과 시간 중에도 하루 2시간 정도는 충분히 확보 가능하다. 여기에 저녁 개인정비 3시간 30분과 부대에 따라 허용되는 연등 최대 2시간을 더하면, 이론적으로 하루 최대 7시간 30분까지 자기계발 시간을 확보할 수 있다.

거기에 주말에는 일과 시간이 없으므로, 마음만 먹는다면 아침부터 저녁 점호 전까지, 연등 시간까지 포함하여 훨씬 더 많은 시간인 최대 15시간을 자신의 목표를 위해 집중적으로 사용할 수도 있다. 물론 매일, 매주 이렇게 최대 시간을 활용하는 것은 어렵고 바람직하지 않을 수도 있다. 중요한 것은 '시간이 없다.'라고 포기하기 전에, 이렇게 활용 가능한 시간이 분명히 존재한다는 사실을 인지하고, 그 시간의 일부라도 꾸준히 자신의 목표를 위해 사용하려는 의지이다. 단 30분이라도 매일 꾸준히 한다면, 1년 6개월은 결코 짧은 시간이 아니다.

    이런 자투리 시간을 놓치지 않고 꾸준히 활용하기 위해, 나 같은 경우에는 스스로 '갓생 노트' 비슷한 것을 만들어서 저녁 점호 후에 오늘 자투리 시간에 무엇을 했는지, 연등 시간에는 무엇을 공부할지 같은 것을 꼬박꼬박 기록했었다. 그렇게 매일 기록하고 계획하다 보니 '내가 사회에서만큼, 아니 어쩌면 더 집중해서 공부하고 있구나.' 하는 생각에 군 생활이 훨씬 만족스러워졌다.

    결론적으로, 전역 준비는 거창한 것이 아니다. 미래의 자신을 위해 구체적인 목표를 세우고, 군 생활이라는 주어진 환경 속에서 활용 가능한 시간을 찾아 꾸준히 실천해나가는 과정이다. 그렇게 무언가 '남는 것'을 얻고 스스로 성장했다는 느낌으로 전역한다면 군 복무 기간은 더 이상 낭비한 시간, 잃어버린 시간이 아니라 미래를 위한 값진 투자로 기억될 것이다. 이는 군 생활 전체를 의미 있게 마무리하고, 자신감을 가지고 사회로 복귀하는 가장 확실한 방법이라고 생각한다.

에피소드: 군대는 제 인생에서 가장 큰 어려움을 느꼈던 곳입니다. 사회에서는 어떤 집단에 속하든 곧잘 적응했고, 팀 프로젝트가 있을 때면 주도적으로 팀장을 맡는 것을 선호하던 저였습니다. 하지만 군대라는 새로운 세상에 떨어진 저는 너무나도 미숙했습니다. 간부들이 사용하는 용어 하나하나가 낯설어 작업하는데 서성이고, 기본적인 근무조차 헷갈려 근무 인수인계서만 몇 시간씩 붙들고 있어야 했습니다.

태어나 처음으로 '남들보다 못한 사람' 취급을 받는 현실은 좀처럼 인정하기 어려웠고, 자존심도 크게 상했습니다. 이대로 무너질 수는 없다는 생각에, 저는 군 생활을 제대로 해보기로 마음먹었습니다. 모두가 잠든 야간 근무 시간, 홀로 의자에 앉아 어떻게 하면 이 군대라는 시스템을 이해하고 그 안에서 성장할 수 있을지 깊이 고민하기 시작했습니다.

이 책은 바로 그 치열했던 고민과 노력의 결과물을 담은 기록입니다. 군대에서 제가 최대한 잘 지내고, 더 많은 것을 얻어가기 위해 부딪히고 깨달았던 점들을 정리했습니다.

 부디 입대를 앞두고 있거나 막 낯선 환경에 발을 들인 후배들이 이 책을 통해 조금이라도 시행착오를 줄이기를 바랍니다. 그리고 주어진 시간을 값진 성장의 기회로 만들어 나오기를 진심으로 응원합니다.

내향적인 컴퓨터공학과 학생 김호입니다.
군대에서 겪었던 다채로운 경험들을
이 책에 적어보았습니다.

만약 이랬다면 어땠을까

김 호

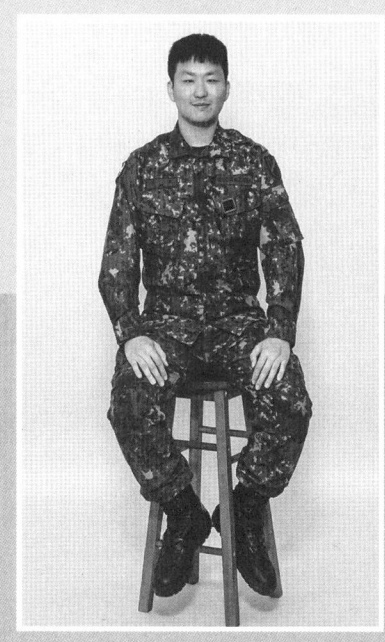

훈련병

머리를 빡빡 민 사람들이 어디론가 향한다. 이제 막 스무 살쯤 되어 보이는 그들은 어디로 가는 걸까? 정답은 훈련소다.

훈련소에 발을 들이는 순간, 빨간색 모자를 깊게 눌러쓴 조교가 보인다. 그 옆엔 줄지어 늘어선 군용 차량들. 입소식을 마치고 생활관으로 이동하면, 이름도, 얼굴도 처음 보는 동기들이 하나둘 눈에 들어온다.

인적사항을 작성하고 점심을 먹는다. 특별히 한 것도 없는데 온몸이 긴장해서인지 하루가 낯설고 혼란스럽다. 해가 어색하게 저물고, 나는 평상에 누웠다. 눈을 감자 여러 감각이 몰려온다. 돌 위에 누운 듯 딱딱한 평상, 은은한 빨간색 취침등, 잠 못 이루고 뒤척이는 동기들. 이 모든 게 낯설고 불편했다. '이곳에서 앞으로 45번이나 더 누워야 한다니' 하는 허망함이 스쳤다.

며칠이 지나자 제식을 배우고, 사격, 수류탄 투척, 각개전투, 행군 같은 훈련이 이어졌다. 그중에서도 가장 기억에 남는 건 수류탄 훈련이었다.

나는 선천적으로 손이 떨리는 수전증이 있다. 그래서 수류탄을 던질 수 없을 거라 생각했고, 애초에 못 하게 할 줄 알았다. 그런데 마음 한쪽에서 반발심이 올라왔다. '내가 이거 하나 못 해?' 그 마음으로 2사로에 배정되었다. 자신감이 넘치던 마음과는 다르게 수류탄을 쥔 손은 덜덜 떨렸다.

그때, 뒤에서 누군가 크게 외쳤다.

"93번 훈련병! 떨지 말고 할 수 있어!"

그 말을 듣고 핀을 뽑아 호에 던졌다. 풍덩, 그리고 펑. 물이 튀어 오르며 미션을 성공했다는 안도감과 성취감이 밀려왔다.

그렇게 훈련이 계속되면서 처음엔 어색했던 동기들과도 점점 가까워졌다. 함께 밥을 먹고, 개인 정비 시간에 운동도 하고, 장난치며 책도 읽었다.

절대 끝나지 않을 것 같던 45일이 지나갔다. 항상 무섭게만 보였던 조교들이 마지막 날엔 웃으며 우리를 배웅해준다.

훈련소는 힘들었기도 했지만 나름 재미있었던 것 같다. 자, 그럼 어떤 사건이 우리를 기다리고 있는지 알아보자.

사건

담배는 훈련소에 올 때 전부 반납하고 소지하고 있는 것만으로도 군기훈련을 시킨다. 훈련의 필요성에 대한 의문 불편한 사람들과의 관계 그리고 신체적인 불편함 때문에 훈련병 A는 택배를 이용해 몰래 담배를 반입했다. 그리고 야간에 창문을 열고 밖으로 나가 흡연했다. 평소에 훈련병 A가 나가서 무얼 하는지 궁금해했던 훈련병 B는 훈련병 A가 담배를 피고 있다는 것을 알게 되고 소대장에게 바로 보고해 모든 사실이 발각되어 훈련병 A는 규율 위반으로 벌점을 받고, 완전군장하고 주둔지 근처를 도는 군기 훈련을 받았으며, 휴가까지 취소되는 처벌을 받았다.

이 사건을 두고 사람들의 의견들을 들어보자.

여러 가지 의견

A: "사회에서 규범이 있듯이 군대에도 지켜야 할 규칙이 있는데, 이를 어겼으니 처벌은 당연하다고 생각해."

B: "훈련병도 사람이잖아, 스트레스가 있었을 수도 있었던 것을 고려하면 조금 과한 처벌이 아닌가 생각돼."

C: "나는 규칙을 어긴 것에 대해서는 책임을 져야 한다고 생각하는데 군기 훈련도 받고 휴가도 잘린 건 너무 과하다고 생각해."

D: "흡연자가 훈련소에서 담배를 못 피우는 게 이해가 안 돼. 왜 훈련소에서는 담배를 못 피우는 거야?"

E: "원래 담배를 피웠던 사람들도 있을 텐데 그 사람들은 참고 버텨왔는데 훈련병 A에 대한 처벌이 없으면 너도나도 담배를 반입하지 않을까?"

사람들의 의견은 "스트레스 때문에 피운 건데 처벌이 과도하다."라는 입장과 "군대에서는 규율을 지켜야 한다."라는 입장으로 나뉘었다.

나의 의견

나는 이 사건을 이렇게 바라본다. 군대는 기본적으로 규칙과 질서를 유지해야 하는 조직이다. 물론 훈련병들이 환경에 적응하지 못해 스트레스를 받을 수 있다는 점은 충분히 이해된다. 하지만 군대는 단순히 모든 개인의 감정이나 사정을 고려해 줄 수 있는 조직이 아니다. 그럼, 왜 이런 규칙들을 준수해야만 하는지에 대해 몇 가지 이유를 들어 설명해 보겠다.

1. 군대는 단체 생활을 하는 곳이므로, 한 사람의 일탈이 집단 전체에 영향을 미칠 수 있다. 예를 들어보자. 훈련병 B가 PX에 자주 가고 싶은 마음에 보고 없이 혼자 PX에 갔다면 어떻게 될까? 아마 그 부대 전체가 그 훈련병 B를 찾게 되는 최악의 상황이 벌어질 수도 있다.

2. 규칙이 무너지면 전체적인 체계가 흐트러진다 만약에 훈련 중에 휴대전화를 소지한 용사를 처벌하지 않으면 어떻게 될까? 그 사람을 보고 너도나도 휴대전화를 소지해 훈련 중에 휴대전화를 보는 상황이 일어날 것이고 훈련에 지장이 갈 수밖에 없어질 것이다.

훈련병 A의 사건도 마찬가지이다. 개인의 일탈행위가 사소한 잘못이라고 하더라도 큰 책임이 따른다는 것을 알려주는 결과였던 거 같다 따라서 개인의 스트레스와 어려움이 크더라도, 군대에서는 정해진 규칙을 반드시 준수해야 한다.

만약 이렇게 되었으면 어땠을까

훈련소에서 규칙 위반 사건이 발생하지 않도록 하기 위해서는 대체 방안이 필요하다. 이러한 해결책이 있다면 훈련병 A는 어떻게 되었을까?

SCENE #1

훈련병 A는 담배를 피우고 싶은 마음이 굴뚝같다. 그래도 규칙을 어기면 안 된다는 생각을 했다. 그래서 개인 정비 시간에 체력 단련을 통해 몸이 점점 좋아지고 있는 것을 보며 만족감이 생겼다가 또한 독서를 통해 자신이 미래에 무엇을 할 것인지에 대해 생각하는 과정을 거치면서 계획을 세우게 되고 나름대로 가치 있게 훈련소 생활을 보낸 거 같다고 생각하였다.

SCENE #2

훈련병 A는 다른 훈련병 C가 흡연으로 징계를 받는 모습을 보고 훈련소에서 담배를 피우는 것은 잘못된 행위이며 처벌을 받는구나!라는 인상이 생기게 되었고 조교가 훈련소에서 흡연하면 어떠한 처벌을 받는지 설명해 주는 것을 듣고 몸에 안 좋으니까 이왕 이렇게 된 거 금연을 한번 시도해야겠다는 계기로 훈련소 생활을 보내게 되었다

결론

훈련병 A의 사건을 통해 볼 때, 규칙을 지키는 것이 얼마나 중요한지 알 수 있다. 개인의 어려움이 있다고 해서 규칙을 어기는 것이 정당화될 수는 없다. 군대는 단순히 힘든 곳이 아니라, 개인과 조직이 함께 성장하는 공간이다. 규칙을 준수하고 동기들과 협력하는 것이 서로에게 좋은 방향으로 이끌어 갈 것이다!

이등병

나름대로 정이 들었던 훈련소를 뒤로하고, 우리는 각자 무언가 들어 있는 갈색 봉투를 들고 자대로 향했다. 이제 진짜 군 생활이 시작되는 것이다.

도착한 자대는 생각보다 괜찮아 보였다. 도로가 바로 앞에 있었고, 근처엔 아파트도 보였다. 부대 주변이 전부 논밭일 거라 걱정했지만, 그럴 필요는 없었다. 군대에 먼저 간 친구들이 겁을 줬던 것치곤 운이 좋았다.

생활관은 처음 보는 2층 침대였고, 사이버지식정보방(일명 사지방)과 휴대폰 사용이 가능하다는 점도 신기했다. 그러나 마음을 놓기엔 이르다. 유튜브나 인스타그램에서 보았던, 선임병이 후임병을 이유 없이 괴롭히는 일들이 머릿속을 맴돌았다. 구타, 악기바리(음식을 억지로 먹이는 행위) 같은 것들 말이다.

나는 실제로도 아직도 군대에 그런 문화가 남아 있을 거라 생각했다. 자대배치를 받고 첫날, 선임과 함께 PX에 가게 됐다. 선임이 "먹고 싶은 거 마음껏 골라."라고 말했을 때, 머릿속이 복잡해졌다.

'이거 사놓고 하루 만에 다 먹으라고 하면 어쩌지?'

'나중에 '내가 사줬는데 왜 그렇게 행동하냐.'라는 식으로 압박하는 건 아닐까?'

온갖 생각이 뇌리를 스쳤다. PX 진열대 앞에서 자유롭게 골라보라는 말조차 쉽게 받아들여지지 않을 정도로 긴장돼 있었다. 혹시 실수라도 하면 찍히는 건 아닐까, 그런 불안감이 머릿속을 짓눌렀다.

그런데 예상과 달리 선임들은 꽤 괜찮았다. 괜한 트집을 잡거나 무리한 걸 요구하지도 않았다. 덕분에 나도 마음을 조금씩 놓을 수 있었다.

나는 최대한 빨리 적응하려 애썼다. 힘들어 보이는 일은 먼저 나서서 하려고 했고, 어색하더라도 선임들에게 먼저 말을 걸었다. 그런 태도를 보고 선임들도 나를 잘 챙겨줬다. 그렇게 긴장과 불안으로 가득했던 신병 시절은 조금씩 지나가고 있었다.

사건

자대에 배치를 받은 지 2주 정도 된 이병 A가 훈련을 마치고 자신의 청소 구역을 끝낸 뒤 쉬고 있었다. 그런데 B 상병은 이 모습이 마음에 들지 않았다. 취침 시간에 A를 세탁실로 불렀다.

"왜 네 청소만 하고 다른 사람들 청소는 안 도왔냐""

그렇게 혼냈다. A는 이해되지 않았다.

'나는 맡은 구역을 끝냈는데 왜 남의 것까지 해야 하지?'

A 이병은 말문이 막혔다. 사회에 있었을 때는 자신이 할 것만 해도 남들이 아무도 뭐라 하지 않았기 때문이다. A 이병이 아무 말도 하지 않자 옆에 있던 C 상병이 거들었다.

"나는 네 짬(군 경력을 지칭하는 은어)에 선임들 청소도 같이 했는데, 넌 왜 안 하냐?"

그 말을 들은 A 이병은 억울했다. 그리고 짜증이 났다. 자신이 남의 청소구역까지 할 거면 청소 구역은 왜 정했으며 자신과 나이 차이도 나지 않는 사람들에게 왜 혼나고 있는지 몰랐다. 이런 생각을 하면서 A 이병은 말했다.

"네, 죄송합니다……."

B 상병과 C 상병은 A 이병이 맘에 안 든다는 듯이 문을 쾅 닫고 세탁소 밖으로 나갔다. A 이병은 세탁기가 돌아가는 소리와 함께 쪼그려 앉았다.

다른 사람들의 의견

A: "청소구역을 나눠서 하는 건데, 왜 남의 구역까지 해야 하죠?"
B: "우리도 이병 때 남들 청소 도왔어. 자기 할 것만 하고 쉬는 후임, 누가 좋게 보겠냐?"
C: "지금 참고 배우면 나중에 후임한테 자연스럽게 시킬 수 있어. 좀 참고해."

D: "아무리 군대라지만, 개인 임무 외에 강제로 일 시키는 건 부당하지 않나?"

의견은 크게 두 갈래였다. 하나는 그건 부당하다는 것이고, 다른 하나는 이해는 되지만 어느 정도 용인은 필요하다는 쪽이다.

나의 생각

군대는 위계질서와 공동체 생활이 기본이다. 개인 논리보다 조직 문화가 우선시된다. 이 사건에서 선임들의 반응은 단순한 강요라기보다는, 그들이 겪었던 과거 경험의 투영이라고 볼 수 있다. 이는 '심리적 투영'이라 불리는 심리 기제로 설명된다. 과거 자신이 했던 희생을 후임에게도 기대하게 되는 것이다.

선임들의 마음속엔 '나도 했으니 너도 해야 한다.'라는 연속성이 있다. 억압이 아닌, 같은 공동체 구성원으로서의 성장을 기대하는 마음이다. 물론 개인이 맡은 임무를 끝냈는데 추가적인 일을 강요하는 건 부당하게 느껴질 수 있다. 그러나 군대에서 단순히 할 일만 하고 끝내는 태도는 좋은 인상을 주기 어렵다. 반면, 선임들과의 관계 속에서 자발적으로 협력하는 태도는 군 생활을 훨씬 부드럽게 만든다.

결국, 선임의 경험을 무작정 강요하는 것은 옳지 않다. 하지만 이등병이 먼저 나서서 움직이고 배워가는 자세는 장기적으로 자신에게 이익이다. 단순히 일을 잘하는 것을 넘어, 태도와 자세에서 신뢰를 얻을 수 있다.

만약 이랬다면 어땠을까

SCENE #1

이병 A는 선임들의 말에 귀 기울이지 않고, 그저 자기 할 일만 하며 나머지는 하지 않겠다고 마음먹었다.

자신의 말을 무시하는 이병 A의 태도에 선임들과의 불화가 생기기 시작했다.

'괜히 건드렸다가 우리만 징계받는다.'라는 인식이 퍼지면서, 선임들은 그를 점점 더 외면하게 되었다.

동기들 사이에서도 A는 늘 자신의 일만 끝내고 먼저 자리를 떠나는 행동으로 점차 피로감을 안겼다.

후임들 역시 A를 보며 '원래 저런 사람이니까 신경 쓰지 말자.'라고 생각하게 되었고, 그는 어느새 누구에게도 환영받지 못하는 인물이 되어버렸다.

SCENE #2

이병 A는 선임들의 행동을 유심히 관찰하며 그 이유를 이해하려 노력했다.

단순히 주어진 일만 마치는 게 아니라, 공동체가 어떻게 돌아가는지를 몸으로 익혀갔다.

점점 그는 매사에 열정적인 사람으로 변해갔다.

조금 힘들어도 먼저 나서서 분리수거에 참여했고, 선임들에게 적극적으로 배워 아는 것도 많아졌다.

선임들 사이에선 "A는 진짜 에이스다."라는 소문이 돌았고, 후임들 사이에선 '열정맨'이라는 별명이 붙었다.

심지어 그를 따라 하려는 후임들까지 생겨났다.

결론

 군대는 자유보다 질서가 우선인 조직이다. 물론 자유는 중요하지만, 책임과 공동체의 조화 없이는 조직이 유지될 수 없다. 특히 아무것도 모르는 이등병 시절에는, 주어진 임무를 넘어서 능동적으로 움직이며 배워야 한다. 자발적이고 적극적인 태도는 선후임 간 신뢰를 형성하고, 군 생활을 훨씬 수월하게 만든다.

 반대로 소극적이고, 최소한의 일만 하려는 태도는 "이등병답지 않다."라는 평가를 받고 관계 형성에 어려움을 겪을 수 있다. 결국 어느 정도의 '융통성'은 필요하다고 본다. 단, 이는 폭력이나 강제가 아닌, 유연한 소통과 배려 속에서 이뤄져야 한다. 규율 속의 융통성, 군대에서는 그것이 깊게 자리하고 있기 때문에 그것을 이해하면 부정적으로만 생각했던 것들이 하나씩 긍정적인 마인드로 변화될 것이다.

일병

　　부대에 완전히 적응하지도, 배울 것을 다 배우지도 못했는데 어느새 내 전투복에 검정색 선이 하나 더 그어져 있었다. 일병은 진짜 '일만 해서 일병'이라는 말을 몸소 느끼게 해줬다.

　　일병 때에는 5월에 실시된 전반기 진지공사가 있었다. 진지공사를 한다는 말에 내 머리 구석에 아버지와 전화를 했던 내용이 떠올랐다. 아버지는 산을 타고 올라가 진지에서 숙영을 하면서 진지공사를 한다는 말을 했다. 말이 안된다고 생각했다. 군대 썰은 전부 팩트가 아니라는 말도 어느 정도 이해가 되었다. 하지만 아버지의 말과는 달랐지만 또 다른 어려움이 있었다. 무성히 자라난 풀과도 싸워야 했고, 손상된 진지를 복구하기 위해 삽과도 씨름해야 했다. 그러나 진지공사가 전부 다 끝나는 때에 검정색 망토를 두르고 있는 참호를 보면 성취감도 어느 정도 있었다.

그리고 8월엔 한미 연합훈련이 있었다. 보호의와 방탄복을 착용한 채 진행된 훈련은, 그야말로 땀이 줄줄 새었던 그런 훈련이었다. 몸 전체에서 땀이 멈추지 않았던 기억이 난다. 하지만 미군과 함께 훈련을 했다는 사실 자체가 내겐 신기한 경험이었다. 미군을 실제로 본 것도 처음이었기 때문이다.

기다리고 기다리던 첫 휴가도 나갔다. 엄청 기대되는 탓에 일정을 빡빡하게 잡았던 기억이 난다. 군인 신분에 이렇게 밖에 나가서 친구들과 여행도 간 것이 너무 반가웠고 한편으로 자비 없이 지나가는 시간을 보고 남들에게나 똑같은 시간이 나에게만 더 빠르게 지나가는 느낌이 들었다. 군대를 다녀온 사람이라면 공감할 텐데, 신병 위로 외박인 '3박 4일'을 '3.4초'라고 부르는 게 다녀오고 나니 왜 그렇게 부르는지 알게 되었다.

사실 일병 시절은 무언가 자기계발에 집중한다기보다는 훈련에 대한 이해와, 이병 때 완전히 적응하지 못했던 부대 생활을 마저 익히는 데 더 많은 에너지를 쏟았던 것 같다. 6개월이라는 시간이 길어 보이지만 생각보다 빠르게 흘러갔다.

자, 그렇다면 일병 때 어떤 일이 벌어질 수 있을까?

사건

A 일병은 자대에 배치된 이후 처음으로 사격 훈련에 참가하게 되었다. 훈련소 시절, 19발 명중이라는 우수한 성적을 거둔 경험이 있었던 그는 이번 훈련도 별문제 없이 끝날 거라 생각했다. 스스로도 모르게 마음이 느슨해져 있었다. 하지만 그 안일함은 곧 문제를 불러왔다.

사격장에 도착하자 그는 뭔가 빠진 느낌을 받았다. 그러고는 자신이 이어플러그를 관물대에 그대로 두고 왔다는 사실을 깨달았다. 순간 머릿속이 하얘졌다. 중대장의 호통이 곧바로 날아들었다. "정신머리는 집에 두고 온 거냐? 훈련이 장난이냐?"라는 말에 A 일병은 움츠러들었다. 한편으로는 '내가 잘못했으니 혼이 나는 게 당연하다.'라고 생각하면서도 이거 때문에 혼이 날 정도인지 의구심을 가졌다.

게다가 이번 훈련에서는 익숙한 조준기가 아닌 '워리어 플랫폼'이라는 새로운 장비가 개인 화기에 장착되어 있었다. 처음 보는 장비였다. 어떻게 작동하는지, 어떻게 켜고 끄는지도 제대로 알지 못했다. 배울 기회도, 물어볼 용기도 없었다. 결국 '되겠지.' 하는 심정으로 자신이 배정된 사로로 다가갔다. 그의 손은 식은땀으로 젖어 있었고, 심장은 군복 너머로 울릴 정도로 뛰고 있었다.

사격 훈련은 빠르게 시작되었다. 주변에서 총성이 이어지지만, A 일병의 머리는 멍했고 손끝은 얼어붙어 있었다. 조준경을 제대로 맞추지도 못한 채 방아쇠를 당겼고, 어디로 향했는지도 모를 총알이 허공을 가르며 날아갔다. 표적은커녕, 총을 쏠 때의 감각조차 흐릿했다. 그는 자신이 제대로 쏘고 있는지도 확신이 없었다.

훈련이 끝났다고 생각했을 때, 또 하나의 문제가 터졌다. A 일병은 탄피 수를 제대로 세지 못했고, 한 발의 잔탄이 아직 남아 있었다. 이를 인지하지 못한 채 안전검사 대기줄에 서 있던 중, 갑작스럽게 "탕!" 하는 총성이 터졌다. 남은 탄환이 발사된 것이다. 이어플러그를 착용하지 못한 몇몇 전우들은 귀를 감싸며 고통을 호소했고, 사격장은 일순간 정적에 휩싸였다.

그 순간 A 일병은 완전히 얼어붙었다. 온몸이 굳은 채 땀이 식으며 차가운 감각이 몰려왔다. 간부들의 눈빛, 동기들의 시선, 귀를 감싸 쥔 전우들의 표정 모든 것이 기억 속에 박혔다. 사격 훈련은 그에게 단순한 실수가 아닌, 지워지지 않는 트라우마가 되었다. 자 이제 다른 사람들이 어떻게 생각했는지에 대해 확인해보자.

다른 사람들의 의견

A: "사실 이 사건의 원인은 A 일병에게 있다고 봐. 워리어 플랫폼 같은 새로운 장비를 받았다면 미리 확인하고 PRI(개인점검)도 본인이 했어야 해."

B: "A 일병의 실수도 있지만, 사로를 통제하는 간부들의 책임도 있다고 생각해. 첫 사격이니만큼 좀 더 세심한 주의가 필요했어."

C: "누구 잘못인지 따지기보단 서로 좀 더 챙겨주고, A 일병을 너무 질책하진 않았으면 좋겠어."

나의 생각

사격장은 단순히 훈련이 이뤄지는 공간이 아니다. 실제 전투 상황을 가정하며 실전 같은 긴장감 속에서 이뤄지는 곳이다. 작은 실수도 큰 사고로 이어질 수 있는 만큼, 절대 가볍게 넘길 수 없다. 그런 의미에서 A 일병의 실수를 단순히 "적응 중"이라며 감싸는 건 옳지 않다.

A 일병의 사전 준비 부족, 장비에 대한 이해 부족은 분명 존재했다. 하지만, 이제 막 전입 온 병사에게 모든 것을 혼자서 완벽하게 숙지하라는 것도 무리다. 그는 열심히 하려는 의지가 있었고, 훈련을 진지하게 받아들이려는 태도도 분명히 보였다.

따라서 이번 사건은 단순히 질책으로 끝낼 것이 아니라, 훈련 이후에는 진심 어린 조언과 격려가 병행되어야 한다고 생각한다. 그래야 A 일병이 훈련을 두려운 것이 아닌, 배우는 과정으로 인식하고 점점 더 나아질 수 있다. 그렇게 된다면, 개인의 성장뿐 아니라 부대 전체의 안전과 역량에도 긍정적인 영향을 줄 수 있다.

만약 이랬다면 어땠을까

SCENE #

　A 일병은 자신의 실수를 반성했다. 그리고 선임들에게 조언을 들으며 자신이 부족했던 워리어 플랫폼도 사용법을 듣고 간부들도 열심히 A 일병의 자세를 봐 주면서 교정을 해주었다. 그리고 다시 한번 사격장을 가게 되었다. A 일병은 배웠던 것을 하나 둘 상기해 가며 사격을 진행하였다. 덕분에 좋은 결과를 얻게 되고 앞으로도 자만하지 말자 라는 생각을 하게 되었다.

SCENE #2

　A 일병은 사격장에서의 실수 이후 사격에 대한 얘기를 극도로 싫어하게 되었다. 사격이 있는 날에는 다른 사람과의 근무를 바꿔 사격하는 것을 피했다.
　간부들도 A 일병이 사고를 칠까 봐 사로표에 이름을 넣지 않았다.

결론

사격 훈련은 물론 앞으로 이어질 모든 훈련에서도, 자신이 부족한 부분을 스스로 점검하고 채워나가는 자세가 중요하다. 실수를 두려워하지 않고, 매 순간 배우려는 태도는 시간이 지날수록 결과로 나타난다. 그리고 그런 태도는 선임이나 간부들에게도 긍정적으로 비칠 것이다.

결국 성장은 곧 신뢰다. 실수를 통해 배우고 성장하는 병사는 주변 사람들의 믿음을 얻게 되고, 점차 조직 내에서 중심적인 존재로 자리 잡게 된다.

상병

일병 때의 어리숙한 모습, 머리를 **빡빡** 민 모습은 사라지고, 이제는 앞머리를 기른 모습으로 바뀌어 있었다. 상병이 되면 후임들이 하나둘 생겨난다. "제가 하겠습니다."라고 말하던 내가 이제는 그 말을 듣는 입장이 된 것이다. 선임들과는 장난도 칠 수 있을 정도로 군 생활에 여유가 생긴 시기이기도 하다.

친했던 선임들이 하나둘 전역하면서 "나는 언제 전역하지?", "와, 저 사람도 가네. 군 생활 진짜 오래 했다."는 생각을 자주 하게 되었다. 생활의 변화도 있었다. 군 생활에 익숙해지다 보니 주말에 휴대폰 사용하는 것도 지겨워졌고, 나는 그 시간에 사지방을 활용해 전공 공부를 하거나, 병 자기개발 비용으로 읽고 싶었던 책을 구입해 읽었다. 그래서였는지 시간이 훨씬 빠르게 흘러갔다.

하지만 한편으론 반복되는 일과, 비슷한 훈련, 텔레비전에서 나오는 아이돌들까지 다 지겨워졌다. '그만 나가고 싶다.'라는 생각도 자주 들었던 게 상병 때였다.

그렇다면 상병 시절엔 어떤 일이 벌어질 수 있을까?

사건

상병 A와 상병 B는 같은 생활관을 사용하는 동기였다. 어느 날, 청소 시간인 '개인 임무 분담제 시간'에 상병 A는 "나는 오늘 훈련을 갔다 왔으니 분리수거는 하지 않겠다."라고 말했다. 이에 상병 B는 "훈련 갔다 온 건 갔다 온 거고, 청소는 해야 하지 않겠냐? 당직사령이 보면 무조건 뭐라고 하실 거다."라고 다소 명령조로 말했다.

그러자 상병 A는 짜증을 내며 훈련을 가지 않은 조용한 성격의 상병 C에게 "네가 대신 해라."라고 했다. 이 모습을 본 상병 B는 화가 나 상병 A와 언쟁을 벌이게 되었고, 이를 목격한 당직사령은 두 사람에게 벌점을 부과하고 군기훈련을 받도록 조치했다.

다른 사람들의 생각

A: "상병 A가 잘못했다고 생각해. 훈련이 힘들었다는 건 이해하지만, 자신의 임무를 조용한 C에게 떠넘긴 것도, 청소를 회피한 것도 다 문제야. 상병 A에게 벌점이 주어진 건 당연하지만, 상병 B에게까지 벌점을 준 건 과하다고 봐."

B: "누가 명령조로 얘기하는 걸 좋아하겠어? 상병 B가 권유하는 어투를 썼어야 했다고 생각해. 말이 안 통했다면 당직사령에게 보고했어야지, 싸움까지 갈 일은 아니었어."

C: "훈련처럼 고된 일정을 소화한 사람이 있다면, 안 갔다 온 사람이 도와주는 게 맞다고 생각해. 하지만 '너 해.' 같은 말투는 상황을 악화시킬 뿐이고, 설득에 도움이 안 돼."

D: "이건 동기들 간 협력이 부족했던 문제야. 서로 도왔으면 좋게 지나갈 수 있었던 일이라고 생각해."

나의 생각

공감과 협력은 단순한 감정 공유를 넘어 조직 내 갈등을 줄이고 생산성을 높이는 핵심 요소다. 이 사례는 집단 내에서 공감이 얼마나 중요한지를 보여준다. 이번 사건의 핵심은 '공감의 부재'에 있다.

상병 A는 훈련을 마치고 돌아온 상태였다. 그의 피로를 이해해줄 필요는 있었다. 하지만 피곤하다는 이유로 자신의 책임을 조용한 동기에게 떠넘긴 건 분명 잘못이다. 이는 단순한 책임 회피가 아니라, 동기 간 신뢰를 무너뜨리는 행동이다.

상병 B 역시 문제였다. 그의 말투는 명령조였고, 상대방의 감정을 자극하기에 충분했다. 만약 "같이 정리하는 게 좋을 것 같아. 당직사령도 계시니까 조심하자."라는 식의 배려 있는 표현을 썼다면 감정의 충돌은 없었을 것이다.

결국 이 갈등은 단순한 청소 문제라기보다는, 동기 간 공감과 협력의 부족에서 비롯된 것이다. 군대는 조직 생활의 기본을 배우는 장소이자, 사회생활의 축소판이다. 갈등은 피할 수 없지만, 그것을 풀어나가는 방식은 선택할 수 있다.

서로의 입장을 이해하고, 상황을 공유하며, 때로는 내가 조금 더 양보하는 태도가 필요하다. 공감을 실천할 줄 아는 사람이 되는 것이 이 챕터에서 내가 강조하고 싶은 부분이다.

만약 이랬다면 어땠을까

이 사건을 계기로, 세 사람은 소통과 공감의 중요성을 새삼 깨닫게 되었다.

상병 A는 자신의 피로를 이유로 책임을 회피했던 것이 동기 간 신뢰를 해칠 수 있다는 점을 자각했고, 이후로는 힘들더라도 자신의 임무는 스스로 처리하려 노력했다. 그는 상병 C에게 사과하고 고마움을 표현하며 관계를 회복해나갔다.

상병 C는 조용히 참고만 하는 게 능사가 아니라는 걸 깨달았다. 이후로는 힘들거나 부당하다고 느낄 때, 조심스럽지만 확실하게 자신의 입장을 표현하게 되었다. 그 결과 더 건강한 동기 관계가 형성되었다.

상병 B는 자신의 말투가 상황을 악화시킬 수 있다는 점을 돌아보며, 이후로는 더 부드럽고 설득력 있게 말하려 노력했다. 그는 종종 동기들 사이에서 갈등을 중재하는 역할도 자처

하게 되었다.

SCENE#1

이 사건 이후 세 사람은 서로 말도 하지 않고 개인행동을 하게 되었다.
상황을 모르는 간부들은 같은 작업을 시키게 되고 또 싸움이 일어났다.
결국 그 세 사람 간에는 그 사건이 잊을 수 없는 흉터로 남게 되었다.

결론

군 생활 속 갈등은 사소해 보여도, 그 안에는 '공감 부족'이라는 본질적인 문제가 숨어 있다. 그리고 이 문제는 군대에만 국한되지 않는다. 사회에서도, 직장에서도, 인간관계 어디에서나 마주칠 수 있다.
그럴 때 중요한 건 '상대방의 입장을 얼마나 이해하려는가'다. 그리고 그 공감을 단순한 감정이 아닌, 말투와 행동으로 표현할 수 있어야 진짜 소통이 된다.

군대는 사회생활을 미리 연습해보는 곳이다. 이곳에서 공감과 협력의 태도를 익히면, 나중에 어떤 조직에서도 신뢰받고 함께할 수 있는 사람이 될 수 있다. 결국 함께 살아가는 세상에서 가장 중요한 능력은 '함께할 줄 아는 태도'다. 그리고 그 태도의 중심에는 언제나 '공감'이 있다.

병장

　　　　지금부터 몇 가지 특징을 나열해보겠다. 누구인지 맞춰보자.

- 모든 게 다 귀찮아 보인다.
- 일과 시간이 되면 어딘가로 사라져 있다.
- 움직이지 않고 누워만 있다.
- 생활관 맨 안쪽 자리를 차지하고 있다.
- 간부들과 대화할 때 능글맞은 태도가 느껴진다.
- 후임들에게 "말 놓아도 된다."라고 말한다.
- 휴가 계획을 자랑하며 "**빨리** 나가고 싶다."라고 말한다.
- 전역 후 무엇을 할지 걱정한다.

누구인지 금방 알았을 것이다. 대부분의 병장들이 딱 이런 모습이다. 나도 현재 병장으로 복무 중인데, 몇 가지를 제외하곤 대부분의 항목이 내 이야기다. 특히 말년에는 마지막 항목에 가장 공감된다.

'전역하고 나서 대학교 가기 전까지 뭐 하지……. 그냥 알바나 하면서 돈 모아야 하나?' 또는 '여행 가야겠다!'라는 등 여러 생각이 머릿속을 스친다. 대부분의 전역자들은 이런 고민을 품은 채 전역 전날 밤을 보내고, 그 다음 날 위병소를 나서게 된다. 나도 그렇게 될 것이다.

이처럼 몸이 힘들다기보다는, 생각이 많아지는 병장 시기엔 어떤 일이 일어날 수 있을까?

사건

병장 A는 전역을 얼마 남겨두지 않은 말년병장이었다. 그는 말년휴가 때 사용할 돈이 부족하다는 이유로, 밖에 나가서 직접 돈을 벌기보다는 휴대폰으로 손쉽게 벌 수 있다는 생각에 사이버 도박에 손을 댔다. 하지만 결국 가진 돈을 전부 잃고 말았다.

궁지에 몰린 병장 A는 일병 B와 상병 C에게 각각 200만 원씩 금전 지원을 요청했다. 이 상황이 더 커지기 전에 막아야겠다고 판단한 병장 D는 중대장에게 사실을 보고했고, 병장 A는 전역을 얼마 남기지 않은 시점에서 징계를 받으며 휴가가 취소되었다.

다른 사람들의 의견

A: "병장이면 봉급도 적지 않게 받는데 왜 모을 생각을 안 했을까? 아무리 급해도 후임들에게 돈을 달라고 한 건 잘못이지."

B: "과연 후임들이 거절할 수 있었을까? 군대라는 구조 안에서 선임 말에 '아니요.'라고 할 수 있는 분위기가 아니잖아."

C: "병장 D가 조기에 보고해서 사태를 막은 건 잘한 일이야. 이게 더 커졌다면 전역 후에도 병장 A가 돈을 갚을 수 있을지 모르는 상황이었을 테니까."

D: "이런 사건의 재발을 막기 위해선 군 내에서 정기적인 금융교육이 필요하다고 생각해."

나의 생각

군대에서 선후임 간 금전 거래는 절대 있어서는 안 된다. 군은 위계질서가 엄격한 조직이기 때문에 금전 거래는 단순한 사적 문제를 넘어 권력 관계가 얽힌 민감한 문제로 확산될 수 있다. 특히 선임이 후임에게 돈을 요구하는 상황은, 후임 입장에선 사실상 거절이 불가능한 구조다. 이는 후임에게 심리적 압박을 주고 병영 내 불신과 위축된 분위기를 만들 수 있다.

군 규정상 병사 간 금전 거래는 원칙적으로 금지되어 있다. 이는 위계에 따른 강제성, 사적 이익 추구, 분쟁의 위험을 방지하기 위한 제도다. 그럼에도 불구하고 이런 상황이 발생했다는 것은 군 기강 해이와 병사 대상 금융교육의 부재를 드러내는 것이다.

따라서 재발 방지를 위해선 정기적인 금융교육이 반드시 필요하며, 병사들이 경제적 고민을 상담할 수 있는 창구가 마련되어야 한다. 더불어, 후임이 불이익 없이 거절할 수 있는 분위기, 곧 심리적 안전장치가 병영 내에 뿌리내려야 한다.

금전 문제는 단순히 돈의 문제가 아니라 병사 개인의 인권, 조직의 신뢰, 군 기강 전체에 영향을 미치는 중대한 사안이다.

만약 이랬다면 어땠을까

SCENE#1

A 병장은 전역을 앞두고 경제적 부담을 느끼던 중, 우연히 접한 사이버 도박 광고에 흔들렸지만, 다행히 그 위험성을 직감하고 스스로 중대 상담병에게 상담을 요청했다. 상담을 통해 그는 자신의 불안정한 재정 상태와 심리적 스트레스를 객관적으로 인식하게 되었고, 군 복지 차원에서 제공되는 제도들을 안내받았다.

그 덕에 그는 바른 경제 관념을 갖게 되었다.

SCENE#2

A 병장은 사이버 도박만이 내가 돈을 메꿀 방법이라고 생각해 다른 사람들의 조언을 무시한 채 도박을 계속하게 되었다. 그는 후임부터 시작해 친한 대학 동기들에게도 부담스러운 금액을 빌렸고 결국 부대에까지 채무전화가 오게 되었다. 결국 그는 부대 이미지를 훼손하였다는 이유로 징계를 받게 되었다.

결론

이 사례는 군대 내 금전 문제를 단순한 개인의 실수로 치부해선 안 된다는 점을 분명히 보여준다. 특히 선임이 후임에게 돈을 요구하는 행위는 구조적으로 거절하기 힘든 압박을 주며, 군 조직 내 신뢰를 심각하게 훼손할 수 있다.

하지만 사건이 벌어졌을 때 초기 대응이 적절했다면, 사태를 예방하거나 최소한의 피해로 막을 수 있다. 중요한 건 예방이다. 병사 개개인의 인식 개선은 물론, 조직 차원에서 정기적인 금융교육, 심리상담 시스템, 금전 거래 예방 장치가 마련되어야 한다.

군대는 공동체이며, 건강한 병영문화는 신뢰와 책임, 그리고 투명한 소통에서 시작된다. 경제적 스트레스를 혼자 끌어안지 않도록 제도적 뒷받침과 문화적 변화가 동시에 이뤄져야 한다. 그래야만, 병장 A 같은 사례는 다시는 반복되지 않을 것이다.

내가 생각했던 건강관리

이이므란알리

특별한 배경은 없다. 군 생활 속에서 건강의 의미를 뼈저리게 배웠고,
그 경험을 기록으로 남기고 싶었다.
이 글은 그저 한 사람의 솔직한 반성이고 앞으로를 위한 작은 다짐이다.
건강한 신체는 어느 날 갑자기 찾아오는 것이 아니다.
매일 스스로 쌓아 가는 것이다.

내가 생각했던 건강관리

예전의 나는 건강에 대해 너무 단순하게 생각했다.

아프지 않으면 건강한 거고, 어리니까 무엇이든 웬만해서는 버틸 수 있다고 믿었다.

운동도 가끔 했고, 몸도 남들보단 괜찮은 편이었기에 스스로 건강하다고 자부했다.

건강이란 건 특별히 노력하지 않아도 그냥 따라오는 것이라고 여겼다.

그래서 일부러 챙기려는 마음조차 없었다.

군대에 대해서도 마찬가지였다.

어릴 때는 군대가 내 일이 아니었다.

주변 형들이 입대하는 모습을 보아도, '나는 아직 멀었지.' 하고 실감하지 못했다.

그러던 어느 날, 신체검사 통지서를 받았다.
그 종이를 손에 들고 멍하니 서 있었다.

'아, 나도 이제 진짜 가는구나.'

그제야 군대가 현실로 느껴지기 시작했다.
훈련소에 들어가고 나서도 체력은 괜찮은 편이었다.
맨몸 운동을 꾸준히 했던 덕분에 몸에 대한 자신감도 있었다.

자대에서도 건강에 문제가 생기리라고는 단 한 번도 생각하지 않았다.
하지만 어느 날, 자대에서 받은 피검사 결과가 내 생각을 완전히 멈춰 세웠다.

'당뇨 전 단계 판정'

예상하지 못한 결과였다.
'내가 왜?'라는 생각밖에 들지 않았다.
운동도 하고 있었고, 특별히 아픈 곳도 없었다.
처음엔 검사 실수라고도 생각했다.
몸에 대한 자신이 있었기 때문에 도무지 받아들이기 힘들었다.

하지만 그때부터 조금씩 불안이 스며들었다.

'내가 뭘 놓치고 있었던 걸까?'
'내가 정말 건강하긴 했던 걸까?'

그 질문이 머릿속에서 떠나지 않았다.

지금 돌아보면, 그때 나는 건강을 너무 겉모습으로만 판단했다.
근육이 있거나 아프지 않으면 건강한 줄 알았다.
식습관, 수면, 스트레스 같은 건 무시했고, 운동만 하면 다 해결된다고 믿었다.

단백질만 고집하고 탄수화물을 줄이거나, 제대로 쉬지 못한 것도 그땐 별일 아니라고 넘겼다.

결국, '나는 괜찮겠지.'라는 근거 없는 자신감에 스스로 속이고 있었다.
그저 아프지 않다는 이유로 건강하다고 착각했던 시절이었다.

진짜 건강이 무엇인지, 그때의 나는 전혀 알지 못하고 있었다.

건강관리의 중요성을 깨달은 계기

당뇨 전 단계 판정을 받은 건, 그동안 내가 얼마나 건강을 가볍게 생각해 왔는지를 돌아보게 만든 계기가 되어주었다.

그때부터 식습관, 수면, 운동을 조금씩 의식하며 관리하려고 노력했다.

PX에서 군것질을 줄이고, 정해진 시간에 자려고 노력했고, 틈날 때마다 가볍게라도 몸을 움직이려고 했다.

하지만 군대는 몸을 돌보기엔 쉽지 않은 환경이었다.

식단은 내 의지대로 선택할 수 없었고, 소등 시간이 있어도 수면 환경은 불편했다. 매일 이어지는 훈련으로 인해 체력은 점점 소모됐고, 피로는 쌓여만 갔다.

그러던 어느 날, 내 몸이 뭔가 이상하다는 신호를 보내기 시작했다.

처음엔 그냥 피곤해서 그렇겠지 싶었다. 하지만 고열과 기침이 계속됐고, 훈련을 감당하기조차 벅찼다.
의무대에 들렀다가 결국 민간 병원으로 이송됐고, 그제야 내가 단순한 탈진이 아니었다는 걸 알게 됐다.

결과는 폐렴이었다.

그 말을 듣는 순간, 머릿속이 멍해졌다.

'나름 관리한다고 했는데…….'

그때 확실히 느꼈다.
나는 생각보다 건강하지 않았다.

당뇨 전 단계라는 경고를 받았을 때는 크게 위기감이 들지 않았던 것 같다. 운동도 하고 있었고, 나름대로 신경 쓰고 있다고 생각했다. 하지만 막상 몸이 진짜 무너지니까 그제야 실감이 났다.

건강을 챙긴다고 했지만, 여전히 부족했던 것이다.

지금 생각해 보면, 그 모든 결과는 결국 예전 내 선택들의 누적이었다.
소홀했던 식사, 대충 넘겼던 수면, 외면했던 스트레스.
그 작은 것들이 모여 지금의 내 몸을 만든 거였다.

군대는 작은 방심도 쉽게 드러나는 환경이다.
식사는 서둘러 넘기기 바쁘고, 영양을 따져 먹기엔 여유가 없다. 수면도 보장되지 않고, 스트레스를 풀 방법도 많지 않다. 그 속에서 체력이 무너지면 회복도 오래 걸린다.

그 일을 겪은 후, 나는 달라졌다. 내 몸이 보내는 신호에 좀 더 귀를 기울이게 되었고, 식사, 수면, 운동 같은 기본적인 것들을 가능한 한 흐트러지지 않게 지켜보려 애쓰게 됐다.

그제야 깨달았다.

건강은 누가 대신 지켜줄 수 있는 게 아니라, 내가 매일 챙겨야 할 책임이라는 것을.

그 깨달음 이후, 내 마음 안에서는 무언가가 조금씩 바뀌기 시작했다.

마음가짐

건강하게 지낼 수 있는 것이 당연한 것이 아니라는 걸, 나는 몸으로 배웠다. 그전까진 그냥 괜찮으면 건강한 줄 알았다. 하지만 아프고 나서야 깨달았다. 건강은 유지하려고 노력하지 않으면 금방 무너진다는 사실을.

지금은 다르다. 나는 내 몸을 무조건 믿지 않는다.
대신, 매일 쌓아가는 습관과 관리를 믿는다.
폐렴과 당뇨 전 단계 판정을 받았던 그 순간, 마음속으로 다짐했다.

SCENE#1

'지금 바꾸지 않으면, 다음은 없을지도 모른다.'

건강은 한 번 무너지면 다시 회복하는 데 시간이 오래 걸리고 예전처럼 되돌리는 건 더 어렵다.

그때 느꼈던 불안과 두려움은 짧았지만, 지금까지도 나를 붙잡아 준다.

그래서 결심했다.

식습관, 생활습관, 운동, 수면.

이 모든 걸 예전보다 조금 더 진지하게 다루기로 했다.

예전에는 몸이 버텨 주니까 괜찮다고 생각했다.

피곤하면 그냥 자고, 아무거나 먹고, 운동은 하고 싶을 때만 하고, 휴식은 대충 때워도 괜찮다고 여겼다. 그런 생활이 얼마나 위험했는지, 뒤늦게 몸으로 알게 됐다.

이제는 식사를 연료처럼 생각한다. 탄수화물, 단백질, 지방을 너무 치우치지 않게 챙기고, 군것질은 거의 줄였다. 세 끼 식사를 최대한 규칙적으로 하려고 하고, 물도 자주 마시려 한다.

수면은 더 중요하게 생각한다. 정해진 시간에 자고 일어나려고 노력하고, 늦게 자거나 핸드폰을 붙잡고 뒤척이는 습관도 조금씩 줄이는 중이다.
잠이 부족하면 하루가 무너지기 때문에, 숙면을 우선으로 챙기고 있다.

운동도 마찬가지다.
이제는 '할까 말까.'가 아니라 '오늘은 뭘 할까.'를 생각한다. 크지 않더라도, 피곤해도, 몸을 조금이라도 움직이려고 한다. 이런 습관이 완벽해서가 아니라, 포기하지 않고 계속 이어가려는 태도가 나를 지켜 준다고 믿는다.

힘들 때면, 가끔 내게 묻는다.

'예전처럼 후회하고 싶어?'
'다시 병원 침대에 누워서 건강을 바라고 싶어?'

그 질문엔 항상 같은 대답이 돌아온다.

'아니.'

그 기억 하나가, 나를 다시 일으킨다.

건강관리는 특별하거나 대단한 일이 아니다.
결국은 작은 선택 하나하나가 내 몸을 만든다는 것을. 그리고 그 선택을 지켜 나가는 사람이 조금씩 더 나은 방향으로 나아간다는 걸, 이제는 안다.

건강은 타고나는 게 아니라 만들어 가는 거라고 믿는다. 나는 더 이상 내 몸을 운에 맡기지 않는다. 매일 내가 선택한 방향으로, 조금씩이라도 내 삶을 움직이려고 한다.

때로는 유혹이 와도, 게을러지고 싶을 때가 와도 처음 느꼈던 그 불안과 다짐은 잊지 않으려 한다.

이것이 지금의 내 마음가짐이다.

실천과 꾸준함

결심만으로는 아무것도 바뀌지 않았다.
진짜 변화는 아주 작고 사소한 실천들을 반복하면서 조금씩 시작됐다.

군대라는 제한된 환경에서도 방법은 있었다. 그래서 시작한 게 헬스와 조깅이다. 체력 단련 시간 외에도 틈틈이 몸을 움직였고, 훈련소든 자대든 운동을 일상처럼 만들려 노력했다.
피곤해서 억지로 하는 날도 있었고, 생활관의 불규칙한 루틴 때문에 계획이 자주 어긋나기도 했다.
그럴 때마다 스스로에게 물었다.

'다시 병원에 누워 있고 싶은가?'

그 질문이 나를 다시 일으켜 세웠다.

PX는 늘 유혹이었다. 단 것을 좋아하던 내게 군것질을 끊는 건 쉽지 않았다. 하지만 예전처럼 아프고 싶지 않다는 마음이 유혹을 이기게 했다.

나는 방향을 조금 바꾸기로 했다. 운동 후 느껴지는 뿌듯함, 트랙을 걷는 조용한 시간, 책에 집중하는 흐름 같은 다른 만족감을 찾아보려 했다. PX에 가기보다 트랙을 한 바퀴 더 돌았고, 배고플 때는 물 한 잔으로 넘겼다. 참는 것보다, 방식을 바꾸는 게 더 잘 맞았다.

혼자 있는 게 익숙했던 나지만, 어느 순간 동기들과 함께 운동하는 게 훨씬 도움이 된다는 걸 알게 됐다. 함께하면 서로를 밀어주고, 나태해질 틈을 줄일 수 있었다.

지칠 때면 동기의 눈빛 하나가 다시 동기가 되기도 했다. 꾸준함은 혼자보다 함께할 때 더 오래 간다는 걸 배웠다. 그리고 나만의 원칙 하나를 세웠다. 거창할 것 없이 단순하게.

"조금이라도 하자."

운동을 못 하는 날엔 스트레칭이라도 하고, 하루가 엉망이었더라도 잠들기 전엔 꼭 내 몸을 돌아보려 했다. 완벽하진 않아도 괜찮았다. 포기하지 않는 태도, 그게 중요했다.

건강관리는 한 번으로 끝나는 일이 아니다. 매일 반복되는 선택의 연속이다. 오늘 피곤하다고 내일로 미루면, 그게 습관이 된다. 그래서 피곤한 날일수록 더 다짐했다.

'이럴 때일수록 해야 진짜다.'

나에겐 그 생각 하나면 충분했다.

지금 생각해 보면, 실천은 거창할 필요가 없었다. 하루 한 번이라도 내 몸을 챙기는 선택이 쌓여 나를 조금씩 바꾸었다. 그리고 그런 변화는, 군대처럼 제약이 많은 곳에서도 충분히 가능하다는 것을.

조금은 몸으로 증명할 수 있었던 것 같다.

전역 후 건강관리의 중요성

전역하면 끝일 줄 알았다. 하지만 생각보다 복잡했다.

몸이 자유로워지는 대신, 스스로 챙겨야 할 것들이 훨씬 많아졌다.

군대에서 내가 가장 크게 느낀 건, 건강은 한 번 무너지면 회복하는 데 오래 걸린다는 사실이었다. 그것을 몸으로 겪고 나니 쉽게 잊히지 않았다. 그래서 전역 후에는 같은 실수를 반복하고 싶지 않았다.

취업 준비도 해야 하고, 앞으로의 진로도 고민해야 한다.

머리도 써야 하고, 체력도 필요하다. 그런데 몸이 힘들어지면 마음도 쉽게 흔들린다. 그래서 아주 거창하지는 않지만, 건강 루틴을 조금씩이라도 지켜보기로 했다.

처음엔 루틴이라는 것도 막막했다. 그래서 작고 단순하게 시작했다. 아침에 일찍 일어나 조금이라도 몸을 움직이고, 식사는 제시간에 챙기고, 밤에는 너무 늦지 않게 자는 것.

군대에서 수면의 중요성을 절실히 느꼈다. 전날 잠을 못 자면 다음 날 하루가 엉망이었으니까. 그래서 지금도 잠만큼은 꼭 챙기려고 한다.

운동도 마찬가지다. 헬스장에 등록해 두고, 의무감보다는 습관처럼 하려고 한다. 몸이 무거운 날엔 가볍게라도 움직이고 나면 오히려 기분이 나아졌던 걸 기억한다. 운동은 몸만을 위한 게 아니라, 마음을 정리하는 시간이기도 하다.

음식도 예전과는 달라졌다. 예전엔 배만 채우면 됐는데, 이제는 되도록 건강한 것을 먹으려 한다. 아직 요리도 어설프고, 완벽하진 않지만 내가 만든 음식을 먹는다는 것 자체가 나를 더 책임감 있게 만든다.

사실 예전의 나는 모든 걸 대충 넘겼다. 피곤하면 그냥 잤고, 배고프면 아무거나 먹었고, '내일 하면 되지.' 하며 넘겼다.

그게 쌓여 결국 병원에 누워 있었다. 지금 돌이켜 보면, 건강은 거창한 결심보다 작은 습관 하나하나가 만든 결과였던 것 같다. 그래서 전역 후가 더 중요하다고 느낀다. 지금은 자유롭지만, 그만큼 책임도 함께 커졌다.

앞으로도 완벽할 순 없겠지만, 내가 조금이라도 나를 돌보려고 선택하고, 그걸 지켜보기로 한 마음이 내 삶을 조금씩 바꿔주지 않을까 생각한다.

몸이 편해지면 마음도 따라오고, 그 하루하루가 쌓이면 예전의 나보다는 조금 더 나아질 것이다. 그 정도면 충분하다고 생각한다.

건강관리는 끝이 있는 일이 아니다. 매일 새롭게 시작해야 하는 과정이다. 전역은 끝이 아니라, 그런 책임을 스스로 감당해 보는 첫 번째 연습일지도 모른다.

지금은 부족하지만,
조금씩, 괜찮아지고 싶다.

엄마의 잔소리 같던 나의 군 생활

김정훈

마이스터고에서 전기·전자 전공.
철강업계에서 일하는 전기 엔지니어.

딱딱한 철도 두드리면 물러지듯,
냉철했던 마음도 글을 만나 말랑해졌다.

어리바리 훈련병의 입소

나는 고등학교를 졸업하고 바로 입대했다. 졸업식을 하고 사흘 뒤에 입대했으니 과장 없이 '바로'라는 표현이 맞다. 주변에서는 '좀 놀아봐야지 억울하지 않겠느냐.'라는 반응이 대부분이었다. 나는 놀다 입대하면 더 갑갑할 것만 같았다. 달리기를 하다가도 중간에 쉬면 몸이 편한 것에 익숙해져 더 뛰기 힘든 것처럼 말이다.

입대 지원 방법에는 크게 징집과 모집이 있다. 징집은 가는 날짜만 선택해서 지원하는 것이고 모집은 병과까지도 정해서 지원하는 방식이다. 그래도 덜컥 결정한 것이 아니라 이것저것 알아보고 지원했기 때문에 나는 통신병으로 지원해서 들어갔다. 정확하게는 통신병 중에서도 '위성운용병'이다. 군 내에서도 소수인 특기이고 무엇보다 편한 군 생활을 할 수 있다는 소위 '꿀보직'이라는 얘기를 들었기 때문에 위성운용병으로 지원했다. 지원하기 위해서 준비할 것이 왜 그렇게 많은지. 점수를 채우기 위해 봉사도 하고 헌혈도 했다. 지원 이후에는 전화로 면접까지 봤다. 이전까지 입대는 무작위라고 생각했다. 그런데 내가 뽑은 피의 양과 면접 통화기록을 보며 쉬운 게 없다는 것을 깨달았다.

입대하기 전부터 운동도 틈틈이 했다. 운동하고는 거리가 전혀 없던 삶을 살아왔다. 준비 없이 입대하면 낙오하기 십상이라고 생각했다. 군 체력측정 종목이라는 팔굽혀펴기, 윗몸일으키기, 뜀걸음(달리기)을 입대 6개월 전부터 꾸준히 했다.

첫 주는 너무 힘들었다. 그래도 그만하고 싶다는 생각보다 '아무 준비 없이 입대했으면 완전 낙오했겠구나 다행이다.'라는 생각이 먼저 들었다.

머리는 졸업식이 끝나고 그날 저녁에 바로 밀었다. 꽃다발을 들고 미용실에 들어가니 놀라는 미용사 선생님 표정이 아직도 기억에 남는다. 다음 날은 친구들과 밤새 술을 마셨다. 원래도 술이 잘 안 받는 스타일이었기 때문에 입대 바로 전날까지도 숙취에서 못 벗어났다.

대망의 입대 당일. 집에서 훈련소까지 가는 것도 문제였다. 집에 자가용이 없고 집에서 유일하게 운전이 가능한 어머니도 장롱 면허이셨기 때문이다. 우리 집이 있는 경상북도 문경시부터 논산까지의 거리가 그리 멀지는 않지만 대중교통을 타고 가면 대구까지 가서 환승을 해야 했다. 5시간이 걸렸다. 고심하던 나를 위해 우리 어머니는 자동차를 렌트해 오셨다. 케케묵은 면허증을 장롱에서 꺼내기로 결심한 것이다.

나는 왼손에는 나라사랑카드와 신분증을 꼭 쥐고, 오른손에는 안전 벨트를 더욱 꼭 쥐고 훈련소로 향했다. 다행히도 사고 없이 논산까지 도착하고 식사도 마쳤다. 훈련소 앞 식당이 맛도 없고 불친절하다고 하지만 나는 어땠는지 기억도 없다. 긴장한 탓에 고기가 익었는지 탔는지도 모르고 손을 덜덜 떨며 집어먹었다.

2월의 아직 쌀쌀한 날씨, 나는 트레이닝 한 벌에 얇은 외투를 걸치고 머리에는 모자를 꾹 눌러쓴 채 훈련소로 들어갔다. 한걸음 뗄 때마다 입대한다는 사실이 점점 다가왔다. 평소에 애지중지하던 머리를 다 밀고 있으니 엄마는 옆에서 꺼이꺼이 우시고, 할머니께 전화를 드리니 할머니는 대성통곡을 하셨다. 옛날 분이라 그런지 군대가 위험하다는 인식이 훨씬 크신 것 같았다. 이후에는 별 다를 것이 없다. 줄 서라는 대로 줄 서고 멀리서 눈물을 훔치는 엄마에게 마지막 인사를 하라고 해서 손을 휘이휘이 흔들었다. 나중에 들은 얘기지만 사람이 너무 많아서 엄마는 내가 손 흔드는 것을 못 봤다고 했다.

조교들의 인솔을 받고 생활관을 배정받아 동기들과 인사를 나누었다. 처음에 엄청 어색했던 것만 기억나고 어떻게 친해졌는지는 떠올릴 틈도 없이 친하게 지낸 기억만 난다. 군대에 가면 별의별 사람 다 만난다더니 정말이었다. 서울, 부산, 대구, 광주, 원주, 세종 등등 전국 방방곡곡에서 온 사람들이 각자의 억양으로 떠들어댔다. 또 학벌도 고졸, 대학생, 대학원생, 유학생 등등 다양했고 직업도 공무원, 타투이스트, 자동차 수리공 등등 각양각색이었다. 다만 우리는 잘 지냈다. 정말 잘 지냈다. 운 좋게 사람 복이 있었던 걸까. 누구 한 명 미워하지 않고 힘들면 함께 투덜대고 응원하며 전우애를 다졌다.

훈련소는 주말 포함 3일 연속 휴무가 있으면 일주일씩 교육기간이 늘어난다. 나는 설 연휴를 포함한 훈련소 생활을 했기 때문에 무려 2주나 늘어난 7주의 훈련소 생활을 했다. 그래서 동기들과 더 끈끈해진 것 같기도 하다. 훈련소에서의 시간은 빠르게 날아갔다. 하루하루가 바쁘고 힘드니 시간이 마구마구 날아갔다.

첫 수류탄을 투척했을 때의 위압감은 아직도 생생하다. 조교가 저수지에 시범으로 수류탄을 투척했다. 깊은 웅덩이 안에서 폭발이 일어났는데도 땅이 울리고 물이 정말 높이 튀어 올랐다. 말로만 듣던 전쟁에서 쓰이는 무기라는 것을 여실히 느꼈다. 사격을 할 때도 마찬가지였다. 귀마개를 끼고 있는데도 소리가 엄청나게 컸다. 마치 내 귀에 대고 총을 쏘는 것만 같았다. 화기류만이 아니었다. 야간에 조명탄을 터트려 보여 주기도 했는데 그 불빛 때문에 한 치 앞이 보이지 않았다.

군에서 사용하는 것들은 적당히가 없는 것 같았다. 주변을 둘러봐도 똑같았다. 앞서 얘기했던 대학생 동기도 유학생 동기도, 타투이스트 동기도 수류탄의 위력에 놀랐고 총 소리에 심장이 쿵쾅거렸다고 했다. 사회에서는 제멋대로 살았지만 머리 밀고 전투복을 입혀놓으니 이놈이 누군지 저놈이 누군지 구분할 방도가 없이 모두 어리바리했다. 우리는 그렇게 점점 군인이 되어갔다.

훈련소에서의 7주는 길었지만, 막상 지나고 나니 순간이었다. 우리는 다들 각자의 삶을 뒤로하고 군대에 왔지만, 여기서는 모두가 같은 전투복을 입은 채 같은 하루를 보냈다. 유학생이든, 대학생이든, 자동차 정비사든, 타투이스트든, 머리를 밀고 전투화를 신으면 다 똑같은 군인일 뿐이었다. 그렇게 흘러간 시간 속에서 나는 몰랐던 내 모습을 발견했다. 생각보다 더 단단했고, 생각보다 더 적응이 빨랐다. 그리고 무엇보다, 혼자가 아니라는 걸 깨달았다.

훈련소를 떠나는 날, 처음으로 입소했던 그 문 앞을 다시 나서며 뒤를 돌아봤다. 여전히 많은 이들이 줄을 서서 입소를 기다리고 있었다. 저들도 곧 나처럼 이곳에 익숙해지겠지.

나는 그렇게, 한 걸음 더 성장한 채 새로운 곳으로 향했다.

자대배치 (봄날의 이등병)

훈련소를 수료하고 자대 배치를 받았다. 나는 막 사회를 등지고 군인이 된 사람들 사이에서 7주를 보냈었고, 대전에서 2주간의 후반기 교육을 받은 상태였다. 이제는 그 무리에서 다시 떨어져 나와 진짜 내가 군 생활을 할 나의 부대로 떠나야만 했다. 먼저 내 몸을 맡긴 이동수단은 기차였다.

대전역에서 조교들의 지시에 따라 목적지별로 인원을 분류하고 기차가 도착하기를 기다렸다. 주변 이등병들은 본인이 어느 역으로 갈 것인지, 이동 시간이 얼마나 걸릴지를 추측하며 수군거렸다. 나도 이 무리에 끼어 한 마디 거들고 싶은 마음이 있었지만, 굳이 입을 열지 않고 말을 아꼈다. 목적지는 곧 있으면 알 수 있을 텐데 괜히 한 마디 입을 여는 순간 들떠 버릴 것만 같았다. 지금 생각해보면 당시 나는 그만큼 걱정과 기대가 섞인 마음이 커서 불안했었던 것 같다.

대기시간은 30분이 채 지나지 않아 끝났다. 우리는 우르르 기차에 탑승했다. 기차는 덜컹덜컹 철로를 따라 달렸고 중간역에서 정든 얼굴들이 내렸다. 훈련소 7주, 후반기 교육 2주를 합친 무려 2개월간 같이 먹고 자고 뒹굴며 친해진 사람들이었다. 다들 진심으로 신난 것인지 아니면 걱정되는 마음을 숨기려고 일부러 신이 난 척을 하는 것인지.

20살 넘은 남정네들이 베레모를 쓰고 방방 뛰며 작별인사를 하니 웃음이 절로 터져 나왔다. '나중에 꼭 연락해야지.'라는 지키지 못할 다짐을 마음속으로 한 순간이었다.

이후 얼마나 지났을까, 점심 도시락을 받았다. 오랜만에 병영식당 이외의 장소에서 식사를 하려니 감회가 새로웠다. 특히나 기차 안에서 식사를 할 기회는 군대가 아니라도 흔하지만은 않았기 때문에 신선한 경험이라는 생각이 들었다. 천천히 식사를 마치고 입가심으로 물을 마시고 있던 순간이었다.

어디선가 내 이름이 호명되었다. 내리라고 했다. 허둥지둥 기차에서 내렸다. 기차에서 내린 내 눈앞에 한 남자가 서 있었다. 본인 소개를 하며 우리를 데리러 나왔다고 했다. 따라오라는 말 한마디에 남자 열댓 명이 처음 보는 그 사람을 줄

줄이 따라나섰다.

'어디에 부대가 있을까.' 생각하며 걷고 있었지만 다다른 곳은 군부대가 아닌 버스였다. 약간의 실망감이 들었다. 그러나 2개월 전부터 자대가 어디일지 기대하고 걱정하며 지낸 나였다. 버스를 타고 조금 더 이동해야 한다는 실망감은 버스 문이 열리는 동안 날려버릴 수 있었다.

하늘은 맑았다. 버스 창가 너머에 보이는 사람들도 밝았다. 시장에서 장 보는 아주머니들이 눈에 많이 밟혔다.

'우리 엄마는 무엇을 하고 계시려나.'

그때였다. 내 눈에 성큼 벚꽃이 들어왔다. 살랑이는 바람에 꽃잎 몇 장이 흩날렸다. 훈련소와 후반기 교육 내내 단단하게 닫아났던 감정의 창이 그 몇 장의 벚꽃잎에 슬며시 열리는 느낌이었다. 문득, 집 앞 골목의 벚나무가 떠올랐다. 학창시절 등굣길에 한참을 올려다보며 걸었던 그 길. 졸업하던 날, 모자를 벗어 던지며 친구들과 떠들던 그 길. 그리고 입대 전날, 엄마가 아무 말 없이 바라보던 그 길. 내가 지금 어디로 가는지도 모르겠고 어떤 하루가 나를 기다리고 있을지도 알 수 없는데 세상은 이렇게도 아무렇지 않게 예뻤다.

"내리세요!"

버스가 멈췄고, 조용하던 차 안이 다시 북적였다. 우리는 하나같이 전투화를 또각거리며, 무거운 배낭을 메고 무엇이 기다리는지도 모른 채 낯선 철문 안으로 들어섰다. 입구에 걸린 푯말에는 부대 이름이 쓰여 있었다.

'아, 여기가 내가 앞으로 살아야 할 곳이구나.'

문득 긴장이 밀려왔다. 신병 대기소로 들어서니, 공기가 무거운 것만 같았다. 훈련소보다 작은 공간, 더 조용한 분위기. 누구도 큰 소리를 내지 않았고, 누구도 먼저 말을 걸지 않았다. 우리는 다들 알고 있었다. 이제부터가 진짜 시작이라는 것을. 한 명씩 이름이 불리고, 중대와 소대가 정해졌다. 이제 이곳이 집이었다. 나는 전투복을 단정히 정리하고, 배낭을 끌어안은 채 천천히 걸어갔다.

무슨 시험이라도 치르듯 말없이 나를 훑어보는 선임들의 눈빛을 지나 배정받은 생활관 문 앞에 섰다. 문이 열리고, 나는 땀이 삐질 났다. 짐을 풀고 침대에 앉았다. 선임들은 내게 이런저런 질문을 퍼부었다. 이름부터 시작해서 살던 곳, 보직, 전공, 식성이나 취미 등 나의 어색함을 풀어주려고 하는 느낌을 받았다. 나는 웃으면서 답변했지만 불편해 돌아버릴 것 같은 느낌은 지울 수가 없었다.

'그래, 나도 머지않아 익숙해지겠지.'

그렇게 나는, 다시 군인이 되어갔다.
이병 김정훈, 낯설었지만 내 이름이 되었다.

벚꽃잎이 날리던 봄날, 나는 자대에서의 생활을 시작했다.

불침번(꺼지는 불과 켜지는 손전등)

육군 용사의 취침시간은 22시부터 06시 30분까지 총 8시간 30분이다. 취침시간이 찾아오면 온종일 환하게 켜져 있던 불들이 모두 꺼지고 불침번 근무자들이 투입된다. 그날은 불침번 순번이 한 바퀴 돌아 내게 다시 돌아온 날이었다. 딱히 특별한 날은 아니었고, 딱히 바쁜 날도 아니었다. 그저 하루의 끝자락에 내 이름이 걸렸을 뿐이었다.

불침번은 총 6명이 순서대로 근무에 투입된다. 각각 1시간 30분씩 총 6명이 불침번 근무를 수행한다. 불침번 근무자의 임무는 간단하다. 야간의 환자는 없는지 혹시 모를 수면 방해 요소 등은 없는지 파악하며 적막한 복도를 지키는 것이다. 원칙적으로는 한 복도에 2인 1조로 편성되어 수행되는 것이 기본이다. 하지만 우리 부대의 불침번은 홀로 투입되었다. 아예 혼자 있는 것은 아니었고 복도에 나와 있는 당직 근무자와 함께 밤을 지켰다.

서로 복도 끝과 끝에 위치하여 복도에 사각이 없도록 철저하게 임무를 수행했다. 불침번 순번은 첫 번과 마지막 순번이 가장 선호도가 높다. 임무 수행에 있어 큰 어려움이 없기 때문이다. 밀려오는 졸음이 심각한 것도 아니고 적막이 잦아든지 얼마 지나지 않아, 아직 도란도란 이야기 소리가 복도에 조곤조곤 흘러 다니기 때문이다. 문제는 그 사이 순번 근무자들이다. 모두가 잠든 시간 나만 깨어 있다는 것은 생각보다 외롭고 생각 이상으로 조용하기 때문이다.

그날 나는 세 번째 순번이었다. 새벽 1시에서 2시 30분 까지 우리 부대의 밤을 지켜야 했다. 전투복을 갈아입고 우선 생활관을 돌아보았다. 생활관은 언제나처럼 '세엑–세엑' 숨소리로 가득 찼다.

'빠드득.'

누군가가 이를 조금 가는가 싶었다. 나를 제외한 모두가 잘 자고 있었다. 조금은 뿌듯한 마음이 들었다. 나는 지금 내

잠을 빼앗기는 것이 아닌 이들의 평안한 밤을 위해 깨어있는 것이라는 생각이 문득 들었다. 생활관 순찰이 끝난 이후 나는 복도에 서서 텅텅 빈 복도를 쳐다봤다. 멀뚱멀뚱 쳐다봤다. 파리 하나 안 날아다니는 복도 저 멀리 맞은 편 끝에서 당직 근무자가 테이블에 앉아 책을 읽고 있는 것이 보였다.

'차라리 쟤가 바로 옆에 있었으면 잡담이라도 나누었을 텐데.'

저 멀리 복도 끝에 자리 잡고 있으니 눈 마주치는 것도 어려웠다. 나는 멀리 보이지도 않는 당직 근무자를 보는 것은 포기하고 가까이에 있는 손목시계를 바라봤다.
1시 10분이 조금 지나있었다.

'젠장 한참 남았잖아.'

평소 같았으면 남은 시간은 졸음과의 사투였을 것이다. 이상하게 그날은 잠이 안 왔다. 그러자 마주한 것은 내 머릿속이었다.

'내일은 어떤 작업을 할까.'
'엄마는 잘 지내고 있을까.'
'전역까지는 얼마나 남았지.'

잡다한 생각이 마구 들었다. 주머니에서 수첩을 꺼내 생각난 것들을 조금 끄적거려볼까 하는 마음이 들었지만 이내 귀찮아서 바로 포기해버렸다. 조금 더 생각을 해 보았다. 문득 이틀 전에 전입해 온 신병 친구가 생각났다.

'잘 적응해서 자고 있으려나.'

걱정하며 찾아가 본 그의 잠자리에서 그는 혼자 웅얼거리며 땀을 조금 흘리고 있었다. 무슨 말을 하는지 귀 기울여 보았다.
'매워, 맵다니까.'라고 한다.
'맵긴 뭐가 매워 인마.'
웃음이 나왔지만 꾹 참았다.

'잘 자렴 친구야. 내일 작업에서 네가 제일 바쁠 거야.'

생활관을 조용히 돌아 나왔다. 1시 25분. 시간은 참 느리게도 흘렀다. 아직도 한 시간이 넘게 남았다. 영화 한 편도 볼 수 없는 시간이, 그날따라 유독 길게 느껴졌다. 복도 끝에서 바람이 아주 희미하게 들이쳤다. 창문은 닫혀 있었지만, 어딘가 틈으로 스며든 찬 공기가 내 팔뚝에 와닿았다. 전투복 위로도 스멀스멀 기어드는 싸늘함. 그 차가움이 오히려 좋았다.

당직 근무자와 눈이 잠깐 마주쳤다. 여전히 테이블에 앉아 무표정한 얼굴로 책을 읽고 있었다. 책 제목이 뭘까, 괜히 궁금했다. 하지만 묻지 않았다. 누가 봐도 피곤함에 절은 얼굴에 괜히 찾아가서 물어봤다가 짜증만 된통 부릴 것 같았기 때문이다. 복도 중앙쯤에 다시 서서, 정자세로 가만히 있었다. 어두운 복도 벽에 비치는 내 그림자가 조금 길게 늘어져 있었다. 가끔은 그 그림자를 따라 움직여보기도 했다. 별 의미는 없지만, 많이 심심한 차였다.

'내가 진짜 군인이긴 하구나.' 문득 그런 생각이 들었다. 어릴 적에는 군인이라 하면 전투복 입고 총 들고 뛰는 모습만 상상했는데, 막상 현실은 이렇다. 적막을 지키고, 아무 일도 없기를 바라는 시간들. 그렇게 한참을 보내고 있던 중, 복도 끝 창문 쪽에서 아주 작게 딸깍 소리가 났다. 고개를 돌려 쳐

다봤지만 아무것도 없었다. 순간적으로 긴장했다가, 바로 완화되었다. 별일 아니란 걸 알면서도, 그 짧은 순간의 두근거림은 내 안에서 오래도록 울렸다.

불침번은 그런 시간이다. 아무것도 일어나지 않기를 바라면서도, 무언가라도 일어나주면 좋겠다는 이상한 이중 감정. 1시 50분. 슬슬 교대 시간이 다가온다. 지루한 시간이 끝나간다는 생각에 안도감이 들었다. 그러나 막상 바쁜 하루가 시작되면 이 고요한 시간도 굉장히 그리워질 것이다. 2시 10분. 복도 저 멀리서 발소리가 들려온다. 내 뒤를 이어 불침번을 설 동기가 전투복을 입고 나온다.

"수고했다."
"잘 부탁한다."

한마디씩 인사를 주고받은 뒤, 나는 생활관 문을 열고 조심스레 들어갔다. 다시 침대에 들어가, 숨을 고른다. 눈을 감는다. 복도에서 들려오는 희미한 발소리, 그 소리에 나도 모르게 미소가 지어진다. 혼자서만 느꼈던 이 침묵은 쉽게 가라앉지 않지만, 새벽은 그렇게 조용히 또 한 칸 넘어가고 있었다.

트레이닝복의 위대함

　나는 뒤에 있을 일을 예측하는 것을 좋아한다. 그렇기 때문에 입대 전, 입대를 하면 내 생활에서 무엇이 바뀌고, 또 바뀐 것에 어떻게 적응해야 할지 상상해 본 적이 있었다. 그때 떠올린 몇 가지가 있었다. 우선은 말투라고 생각했다. 평소 쓰던 '요'체를 버리고 '다, 나, 까' 존대로 바꾸어 말을 해야겠다는 생각을 했다. '어색하겠지만 그리 어렵지 않으니 크게 문제가 되지 않겠지.'

　그다음은 생활이었다. 미디어를 통해 입대자들이 기상나팔 소리에 야단법석인 모습을 많이 보았기에 눈 뜨는 순간부터 시간 개념이 철저하다는 것을 알 수 있었다. 때문에 기상시간, 일과시간, 식사시간 등을 검색해서 찾아보았다.

'06시 30분 기상이면 이르긴 하지만 나는 부팅이 빠르니 뭐.'

　빠르게 부팅되는 컴퓨터처럼 나는 아침에 기상하고 금방 맨정신을 차리기 때문에 괜찮겠다는 생각을 했다. 그 이외에도 사소한 것들이 많이 떠올랐지만 크게 걱정될만한 부분은 없었다. 앞선 내용을 다 경험한 지금도 그때의 평가가 틀리지 않았다고 생각한다. 다만 내가 간과하고 넘겨서 당혹스러웠던 것은 바로 '복장'이었다.
　군에서는 전투복을 입는다. 우리가 흔히 군인을 떠올리면 입고 있는 옷, 군인들의 정체성을 상징하는 유니폼, 바로 전투복이다. 전투복은 디지털 무늬로 되어있다. 이는 위장을 위해 녹색, 갈색 등으로 얼룩덜룩하게 만들어진 무늬이다. 전투복은 겉으로 보기엔 멋있다. 처음 보급받고 입어봤을 땐 '오, 나 좀 군인 같은데?' 싶었다. 그러나 전투복을 입고 몇 일을 생활해보니 이 옷의 불편함을 온몸으로 알게 됐다. 일단 전투복은 재질이 거칠다.
　한여름에는 전투복 안에 러닝 한 장만 입고도 땀이 비 오듯 흐르고, 땀이 안 빠져서 등에 철썩 달라붙는다. 소매를 걷고 싶어도 "복장 불량." 한마디면 얌전히 내리게 된다. 겨울에는 내복을 입고 흔히 '깔깔이'라고 부르는 방상내피를 껴입어도 바람이 전투복을 뚫고 들어온다. 가만히 서 있는데도 추워서 얼어붙는 느낌이 들기도 한다.

바지는 끝을 정리하기 위해 두른 고무링이 항상 발목을 조여 온다. 저녁에 벗어보면 발목에 자국이 선명하다. 그래도 일과 이후 전투복을 벗을 때면 '아, 오늘도 하루를 견뎠다.'라는 이상한 성취감이 든다.

진짜는 힘든 것은 전투화다. 신고 벗는데 시간이 참 오래 걸린다. 굽이 높고 딱딱해서 처음엔 발을 딛고 걷는 것 조차 어려웠었다. 20살 먹고 다시 걸음마를 배우는 느낌이었다. 줄을 꽉 조이면 피가 안 통해서 발이 저리고, 조금 느슨하게 묶으면 자꾸 벗겨질 것 같았다. 딱 맞는 사이즈를 받아도 걷다 보면 발뒤꿈치가 계속 쓸렸다.

전투화 신고 구보를 해보라. 그 불편함을 바로 알게 된다. 포장도로에서 딱딱한 전투화로 구보를 뛸 땐 발끝에서부터 신음이 올라왔다. 높은 굽에 적응을 못해서 발목이 꺾였더라도 전투화가 다시 발목을 잡아주어 계속 뛸 수 있었다. 그리고 저녁에 전투화를 벗을 때의 해방감은 뭐라 말할 수 없이 시원했다.

이렇게 불편하고 어색한 옷과 신발이지만, 신기하게도 사람은 다 적응을 한다. 처음엔 무겁고 어정쩡하던 전투복도 한 달쯤 지나면 나름 태가 난다. 전투화 끈도 이제는 눈 감고도 묶는다. 이상하게도, 누군가 전투화를 허술하게 신은 걸 보면 괜히 잔소리하고 싶어진다. '전투화 끈 좀 똑바로 묶어. 안 아프냐?' 지금도 가끔은 생각한다. 그 불편한 복장을 매일 입고, 신고, 걷고 또 걷던 시간들이 내 일상에 무언가를 남긴 건 아닐까 하고. 조금은 덜어낸 멋, 더해진 책임감, 흐트러지지 않으려는 습관. 그건 어쩌면 그 '복장'이 나에게 가르쳐준 작은 변화들일지도 모른다.

그래도, 전역하고 나면 나는 운동화만 신을 것 같다.
끈 조이는 건 지긋지긋하다는 핑계를 대면서 말이다.

이 책이 세상에 나오기까지

최영웅

독서하는 군인, 〈독하군〉
삶을 주도하는 군인 성장 커뮤니티 〈독하군〉의 리더
군인작가 100명 만들기를 목표로 군인의 성장을 돕고 있다.
군인 개인의 성장이 군의 성장이 되기를 희망한다.
군에 대한 국민의 긍정적 인식변화를 위해 군인들을 성장시킨다.

책 쓰는 부대 독서모임

"**책 쓰는 부대** 독서모임 회원을 모집합니다."

우리 부대는 사람이 적다. 간부와 용사 모두 합하여 약 60명이 전부다. 그중에서 용사는 35명 내외. 적은 인원이기 때문에 독서모임을 모집한다면, 그것도 책을 쓰는 독서모임을 한다면 얼마나 참여할까 고민되었다. 20대 초반의 친구들과 소통할 방법은 무엇일지 고민했다.

'인스타그램을 활용해 보자.'

독서모임 홍보 이미지를 제작하고 인스타그램에 올렸다. 지휘통제실에서 매일같이 마주하는 현동훈 병장에게 이 소식을 알렸다.

"현동훈 병장. 독서모임을 모집해 보려고 해. 용사들한테 한번 알려줘."

"네, 정작과장님. 저도 함께 하겠습니다!"

현 병장의 한마디에 큰 힘을 얻었다. 일단 1명을 확보했기 때문이다. 35명 중에 1명. 총원 대비 3%의 참여율이다. 목표는 4명이었다. 대대 용사들의 10%가 책을 읽고 글을 써서 작가가 된다면 얼마나 좋을까.

인스타그램 DM으로 참석 여부를 알려달라고 했다. 결과는 무려 8명. 용사들 총원의 1/4이나 되는 숫자였다. 너무나 감격했다. 그리고 결심했다.

'무조건 이들을 작가로 만들어줘야겠다.'

대한민국이 떠들썩했던 24년 12월. 우연인지 필연인지 우리의 독서모임은 그다음 날 시작되었다. TV에서는 군인들에 대한 여러 이야기들이 전파되었다. 마음이 아팠다. 그러다 생각의 전환이 일어났다.

'이런 날 모임이 시작된 건 운명이고, 기회다!'

내가 군인들에게 독서를 하도록 안내하고, 책을 써서 작가가 되게 해주고 싶었던 이유. 그 궁극적인 목표는 단 하나였다.

군에 대한 국민들의 긍정적 인식 변화!

주식으로 비유하자면 가장 저점일 때 매수하는 것이 최고의 수익률을 얻을 수 있는 기회다. 가장 힘든 시기라면 오히려 이후에는 좋아질 일만 남은 것이다. 부대에서 시작된 책 쓰는 독서모임의 활동은 군에 대한 인식 전환에 최고의 강점이 될 수 있겠노라 생각했다. 나에게 찾아와 준 8명의 용사에게 독서와 글쓰기를 알려줘야 할 강력한 명분과 목표가 생겼다.

어느 부대에서도 운영할 수 있는 책 쓰는 부대 독서모임의 과정을 소개해 보겠다. 이 방식을 따른다면 당신의 부대에서도 함께 책을 읽고, 글을 써서 작가가 될 수 있을 것이다.

첫 번째, 가장 먼저 독서부터 시작했다. 그냥 독서가 아니라 작가의 시선으로 보는 독서였다. 최종 목표가 책 쓰기였기 때문에 방향이 명확했다. 우리가 언젠가 쓰게 될 책의 경쟁 도서를 읽어보는 것. 그 시작으로 진중문고에서 군인이 쓴 책, 군 생활을 하면서 쓴 작가의 책을 읽고 분석했다. 그러면서 자신감을 얻었다.

'우리도 할 수 있다!'

4권의 책을 읽고 깊이 분석했다. 책의 구조, 문장의 느낌, 글의 흐름 등. 이전에는 정보를 얻기 위해 책을 읽었던 용사들이 작가의 시선으로 책을 보기 시작했다. 책에 대한 서평을 작성했다. 단순히 좋은 내용만을 생각한 것이 아니라 비판적인 시선으로도 바라보았다. 이 책이 좋은 이유, 부족한 점, 보완했으면 하는 것 등 책을 어떻게 써야 할지에 대한 방향이 보였다.

다음 독서는 자신이 좋아하는 분야의 책을 선정해서 읽고 서평을 썼다. 이 부분에서 각자의 관심사를 알게 되었다. 각자의 색깔과 강점을 알 수 있는 시간이었다. 그렇게 우리는 서로를 이해하고, 책 쓰기 주제를 위한 아이디어를 얻어 갔다.

두 번째, 글쓰기를 연습했다. 글을 쓰고자 하면 주제가 필요하다. 너무 광범위한 주제, 지나치게 어려운 주제는 처음 글을 쓰는 사람들에게 어려움이 있다. 그래서 생각한 것이 바로, '키워드 글쓰기'였다.

우리들의 공통점은 같은 부대 안에 있는 군인이라는 것이다. 군대에서 볼 수 있는 것들을 주제로 정했다.

'생활관, 영점사격, 물, 뜀걸음, 전투복'

각자의 색깔대로 글을 써보기로 했다. 방식은 없었다. 그저 그 단어를 생각하는 자신만의 방식을 풀어냈다. 내가 운영하고 있는 인터넷상에 '독하군 독서모임 카페'가 있다. 그곳에 모두의 글을 모았다. 8명의 글이 차곡차곡 쌓였다. 용사들은 일과 이후의 시간, 근무 휴식 시간, 야간 연등 시간을 활용해 글을 썼다.

글을 쓰면서 글쓰기에 대한 자신감을 얻기 시작했다. 서로의 글을 보고 피드백을 했다. 내가 읽은 글에 대한 상대방의 생각을 듣는 것은 너무나 좋은 기회이다. 글을 쓰면서 함께 생활하면서도 알지 못했던 서로의 새로운 모습도 알게 되었다. 글쓰기에 대한 자신감, 서로를 더 알아가는 관계 형성. 키워드 글쓰기는 우리를 한 단계 성장시켰다.

세 번째, 책 쓰기를 위한 주제 선정을 했다. 책을 쓸 때는 2가지 방법이 있다. 주제를 정해놓고 사람을 모집하는 방법과 사람을 모집한 후 주제를 정하는 것이다. 이 중에서는 전자의 방법이 더 수월하다. 고민의 시간이 적어지고, 정해진 주제에 맞는 사람들이 모이기에 빨리 결과물이 나올 수 있다. 우리의 독서모임은 후자의 방식이었다. 그래서 생각보다 시간이 오래 걸렸다.

주제 선정을 위해 서로의 공통점을 찾아보았다. 그 과정에서 부대 독서모임의 강점을 알게 되었다. 각자의 성격과 살아온 과정 등은 모두 다르지만 우리에게는 현재의 모습이 공통점이었다. 1년 이상의 시간을 같은 공간에서 같은 일과 시간을 보낸다. 용사들의 경우에는 24시간을 같이 생활한다. 그렇기에 단단한 교집합이 자연스럽게 생긴다. 군인이기에 군대 이야기를 써야겠다 생각했지만 뭔가 식상했다. 군에 대한 이야기가 과연 누군가의 관심을 끌 수 있을 것인가. 생각을 확장해 보기로 했다.

"우리 책의 독자는 누가 될까?"

책도 하나의 상품이다. 그렇기 때문에 책을 사줄 고객을 생각해야 한다. 바로, 독자다. 독자를 명확히 하기로 했다. 우리의 독자를 생각해 보았다. 그러자 아이디어가 떠올랐다.

"20살이 되기 전에 알았으면 좋았을 이야기를 써보면 어떨까요?"

바로 이거다!
성인이 되기 전 10대에 알았다면 좋았을 이야기. 조금 더 시간이 지나서 입대하기 전 미리 알아두었다면 좋았을 이야기. 우리의 독자는 19살에서 20살이 될 동생, 그리고 곧 입대를 앞둔 20대 초반의 동생으로 정했다. 그 한 명을 상상하면서 그에게 글을 쓰기로 했다. 그러자 막막했던 글쓰기가 시작되었다.

네 번째, 나만의 글을 위한 5꼭지 제목 정하기. 공동 저서의 장점 중 하나는 개인 저서처럼 많은 글을 쓰지 않아도 되는 것이다. 혼자서 300페이지의 글을 쓰는 것은 어렵지만, 힘을 합쳐 쓴다면 가능해진다. 우리는 8명이나 되었기 때문에 5꼭지를 써보기로 했다.

참고 할 만한 책이 있었다. 내가 참여했던 《이게 바로 갓생이군》이다. 10명의 군인이 쓴 책이다. 용사들에게는 아주 좋은 선례가 되어준 책이다. 그때 내가 느낀 경험을 용사들에게 전해주면서 글쓰기를 할 수 있었다. 내가 공동 저서를 해보지 않았다면 몰랐을 경험이었다. 10명의 작가들이 전국 각지에 있었지만 출간을 할 수 있었던 것은 그저 글만 쓰면 되었기 때문이다. 글을 쓰고 서로의 글을 읽으면서 성장했다. 그 과정을 그대로 적용했다. 글쓰기, 책 쓰기는 진입장벽이 높은 활동이 아님을 알게 되었다.

각자 5개의 꼭지 제목을 정하는 기간이 가장 고민되는 시간이었다. 쉽지만은 않은 일이었지만 모두 해냈다. 꼭지 제목이 선정되자 글쓰기는 속도가 붙었다.

다섯 번째, 각자의 방식으로 책을 쓰고 수정해 나간다. 꼭지 제목을 정한 이후에는 각자의 시간과 방식으로 책을 썼다. 용사들에게는 컴퓨터가 없다. 그렇기 때문에 글을 쓰는 것이 쉽지만은 않은 일이다. 그럼에도 불구하고 이들은 해냈다. 글을 모으기 위한 공간, 〈워크스페이스〉가 필요했다.

처음에는 블로그, 카페를 활용했다. 일반적인 환경이었다면 노트북을 켜고 한글 워드프로세서를 작성하면 되었다. 하지만 용사들에게는 그런 것이 없었다. 가진 것이라고는 스마트폰이 전부였다. 그리고 일과 이후에 사용할 수 있는 사이버 지식 정보방의 컴퓨터. 제한적인 환경이었지만 그런데도 포기하지 않았다. 스마트폰도 사용할 수 없는 환경에서는 종이에 글을 적었다. 훈련을 나가서는 작은 수첩에 글에 대한 아이디어를 적어냈다. 제한적인 환경임에도 각자의 방식으로 글을 모아낸 이들이 자랑스럽다.

8명의 용사 중에는 다문화 가정에서 자라 언어와 글쓰기가 어려웠던 친구가 있다. 이이므란알리 병장이다. 그래서 그에게 가장 감사하다. 그에게 글쓰기는 일반적인 용사들보다도 더 어려운 일이었을 것이다. 처음 독서모임의 시작 단계에서는 '포기하지는 않을까.' 하는 걱정도 많이 되었다. 글을 적어내는 속도도 다른 친구들보다 늦었다. 그렇지만 그는 결국 해냈다. 글의 완성도를 떠나 5쪽지의 글을 써낸 것만으로도 감사하고 자랑스럽다. 엄청난 도전이었을 일을 해낸 그에게 박수를 보낸다.

이 5가지 단계를 통해서 우리의 책은 완성되었다. 6개월이라는 시간이 걸렸다. 그 여정 동안 쉬운 날만 있지는 않았다. 혹한기 훈련, 대대전술훈련 평가, 각종 파견, 5분전투대기부대 임무수행 등 순탄치만은 않은 시간이었다. 중간에 포기를 하고 싶기도 했다. 굳이 하지 않아도 될 일을 해서 바쁜 군 생활에 더 힘든 일을 또 한 가지를 하는 것은 아닌가. 그런 마음이 들어올 때 용사들은 내게 힘을 주었다.

"부모님이 책을 쓴다는 말을 듣고 너무 기뻐하셨습니다."
"글을 쓰는 과정에서 '나도 할 수 있구나.'라는 자신감을 얻었습니다."

"조금씩 완성되어 가는 과정을 보니 군 생활에 힘이 됩니다."

이런 말을 해주는 용사들을 포기할 수 없었다. 그리고 결과가 나오게 될 그 날을 상상해 보았다. 최초의 나의 목표를 다시 상기해 보았다.

군대에 대한 국민들의 긍정적 인식 변화!

그 목표를 위해서, 우리 용사들의 희망과 꿈을 위해서 멈추지 않기로 다짐했다. 그리고 힘을 얻어 다시 시작했다. 용사들의 글을 읽으면서 모두 피드백을 주는 것이 쉽지 않다는 것을 느꼈다. 그래서 이 분야의 최고 전문가를 찾았다.

"고유동 작가님, 저 좀 도와주세요!"

《이게 바로 갓생이군》의 기획을 맡아주신 감사한 작가님. 군인 출신의 최고의 작가이자 나의 우상. 그분에게 용사들의 글에 대한 피드백을 요청드렸다. 그리고 엄청난 일이 벌어졌다.

용사들의 글에 대한 너무나도 디테일한 피드백과 글쓰기 가이드라인. 그 글을 읽고 용사들은 감동했다.

"우리 글을 너무나 깊게 읽어주셔서 정말 감사했습니다."
"제 글의 장점을 알게 되었고 더 큰 자신감이 생겼습니다!"

그렇게 우리의 책은 완성의 단계로 나아갈 수 있었다. 혼자서였다면 이뤄낼 수 없었을 일들이 현실이 되었다. 나와 8명의 용사들은 그 누구도 해내지 못한 일을 해냈다. 용사들은 부대에서 책을 쓰고 작가가 되었다.

나는 꿈꾸고 희망한다. 전국의 수많은 부대에서 책 쓰는 독서모임이 만들어지기를. 우리의 책을 읽고 희망을 얻어 작가가 되는 군인들이 나오기를. 그리고 그 과정과 결과를 본 국민들이 군인들에게 박수를 보내기를. 그것이 내가 원하는 단 하나의 꿈이다.

이 책을 읽고 가슴이 뛰는 이들이 있다면 함께 하겠다. 누군가에게 희망이 된다면 기꺼이 모든 것을 알려주고 돕겠다.

'군인 작가 100명 만들기!'

내가 꿈꾸는 미래이다. 《이게 바로 갓생이군》과 이 책을 통해 벌써 18명의 군인 작가 세상에 나왔다. 간부는 물론 용사들도 해냈다. 그것은 신분과 상관없이 누구도 할 수 있다는 말이다. 그렇기에 군인 작가 100명 만들기는 어려운 일이 아니라고 확신한다. 그 100명에 당신의 이름이 포함되기를 바란다. 그런 군인들을 돕기 위해 나와 독하군 독서모임의 경험 많은 작가들이 있다.

작가가 되는 군인들의 모습을 본 국민들은 군을 응원할 것이다. 책을 내고 세상에 자신의 목소리를 당당하게 알리는 군인들은 큰 박수를 받을 것이다.

'안 되면 되게 하라를 넘어, 안 되면 함께 하라!'

내가 늘 가슴속에 담고 사는 말이다. 여러분의 꿈과 목표가 있다면 혼자서 하려고 고민하지 말라. 주변에 당신의 꿈을 지지해 주고 함께 나아갈 이들이 있다. 그 결과물이 이 책이다. 반드시 해낼 수 있다. 꿈을 잃지 말자. 8명의 용사들이 만들어낸 기적의 결과물을 읽고 당신도 도전해 보라!

 군 생활은 인생의 멈춤이 아니다. 인생의 도약과 성장을 위해 나를 되돌아볼 수 있는 마지막 기회의 시간이다. 이 책을 읽게 될 '입대 전날 당신'에게 희망이 되기를 바란다.

에필로그

현동훈

삶이란 언제나 놀라움과 새로움의 연속이고, 이제 막 이 인생이라는 극의 초반을 써 내려가고 있는 나와 독자 여러분에게는 더욱더 설레고 가슴 벅찬 일들이 기다리고 있을 것이라 생각한다. 입대 전 내가 과연 군대에서 책을 쓰게 될 것이라고 상상이나 할 수 있었을까? 대학교에서든, 군대에서든, 사회에서든 언제나 새로운 곳에 발을 딛는 것은 필연적으로 두려움이 함께 할 것이다. 하지만 조금만 용기를 내어 도전한다면 더 넓은 세상이 우리를 기다릴 것이라 믿는다. 이 책에 실린 이야기들이 여러분의 도전에 미약하게나마 도움이 될 수 있기를 진심으로 바란다.

이수민

책을 처음 써보는 사람으로서 많은 어려움이 있었다. 글 쓰는 것이 이렇게 힘들 줄은 예상하지 못했다. 하지만 생각보다 이 과정이 즐거웠다는 것을 깨달았다. 내가 쓴 글이 책으로 출간된다는 사실에 설레는 마음을 감출 수 없었던 것도 같다. 처음 글을 쓰다 보니 두서가 없을 수도 있지만, 군대에서의 경험과 그로 인해 느낀 것들이 이제 막 입대하는 예비 입대자들에게 조금이라도 도움이 되었으면 하는 바람이다.

김재훈

책을 쓰며 2가지를 배웠다

나만의 이야기를 글로 정리해서 표현한다는 것이 쉽지 않다는 걸 알게 됐다.

또 한 가지는 나에 대해 알게 됐다. 내가 나의 이야기를 하며 나를 알게 된다니 색다른 경험이었다.

사실 처음에 책을 쓴 이유는 누군가에게 말해주고 싶었다. 나처럼 준비하지 않고 입대하지 말라고. 하지만 나 또한 책을 쓰며 고민하고 성찰했던 시간이 지루했던 군 생활에 활기를 불어넣어 준 것 같다. 군대가 나를 바꾸진 않았지만 나에 대해 더 잘 알게 되었다. 지금까진 나의 이야기였다. 이제 당신의 이야기를 써 내려가 보아라.

박상범

이 책을 쓰면서 항아리 안에만 들어있었던 내 생각들이 문을 열고 나왔던 것 같다. 작가인 나와 독자인 '너'가 이 글을 쓰고 읽으며 서로에게 도움이 되었다. 20대 남자가 어쩌면 처음으로 맞닥뜨릴 사회의 축소판인 군대. 우리의 인생, 작게 보면 우리의 군 생활이 이 책으로부터 조금 더 좋아지길.

권홍준

넉 달간 군 생활에 대해 글을 쓰며 제 경험을 돌아보고 성찰하는 시간이었습니다. 여러 사람을 만나고 다양한 상황을 겪으며 시야가 넓어졌고, 저도 한 단계 성장했다고 생각합니다.

20대의 군대는 낯설고 힘든 환경이지만, 동시에 자신을 돌아보고 단련할 기회를 주기도 하는 곳이었습니다. 이 글이 비슷한 시간을 보내는 분들이 각자의 군 생활에서 스스로 의미를 찾고, 성장하는 데 도움이 되기를 바랍니다.

김 호

현실은 언제나 이상대로 흘러가지 않는다. 군 생활 중에도 우리는 다양한 사건과 문제에 부딪히게 될 것이다. 하나의 문제에 정답은 여러 가지일 수 있다. 어떤 경우엔 정면 돌파로 문을 열 수도 있고, 때론 돌아가는 길이 최선일 수도 있다. 이런 경험을 통해 우리는 조금씩 성장해간다.

최근 본 영화 승부에서, 이창호 9단에게 패한 조훈현 9단은 깊은 슬럼프에 빠진다. 그 모습을 본 남기철 9단이 그에게 이렇게 말한다.

"그렇게 견디다가 이기는 거요. 쓰라린 상처에 진물이 나고 딱지가 내려앉고 새살이 돋고, 그렇게 참다 보면 한 번쯤은 기회가 오거든."

우리는 앞으로도 수많은 선택 앞에 설 것이다. 중요한 건 자기 길을 포기하지 않는 것. 그게 결국 기회를 만드는 열쇠다.

이이므란알리

처음엔 단지 내 경험을 적어보자는 마음이었지만, 쓰다 보니 나 자신을 돌아보게 됐습니다. 건강은 거창한 게 아니라, 매일 내 선택이라는 걸 다시 느꼈고요. 이 글이 누군가에게 조금이라도 도움이 된다면 그걸로 충분합니다. 아직 부족하지만, 앞으로도 조금씩 괜찮아지고 싶습니다.

김정훈

군대에 있다 보면, 작은 일에 크게 사무치고 작은 일에도 감사해 마지않을 때가 있다. 지난 20여 년과는 전혀 다른 방식으로 살아야 하기에 감각은 날이 서고, 모든 순간이 더욱 진하게 와닿는다.

이 글이, 군에 올 나와 닮은 그대에게 작은 지침서가 되어주기를 바란다.

최영웅

군대라는 곳은 시간을 흘려보내는 곳이 아니다. 인생에서 마지막으로 멈추어서 나를 되돌아볼 수 있는 시간이자 성장의 시간이다. 그 과정의 결과물이 이 책이다. 당신의 군 생활은 어떻게 시작되었으면 하는가. 그 끝이 어떤 모습이 되길 원하는가. 군 생활을 하며 책을 쓴 우리 8명의 용사들을 보라. 당신도 할 수 있다. 이 책이 당신의 인생에 희망의 불씨가 바란다.